KB111516

법은
만인에게
평등
할까?

법은 만인에게 평등할까?

청소년을 위한
법과 사회 교과서

글 양지열   그림 소복이

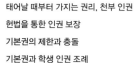

'법 없이 살 수 있는 사람'은
없다

'법'이라는 말을 들으면 어떤 생각이 드세요? 뭔가 금지된 것, 하지 말라는 것을 떠올리기 쉬울 겁니다. 몸과 마음이 한창 자라는 때, 하고 싶은 일들이 넘치는 여러분 나이에는 거부감부터 들기 쉽겠지요. 교과서는 어떨까요? 공부가 본분인 학생이지만 그래서 더욱 부담스러운 책이 아닐 수 없습니다. 아름다운 시와 음악도 어찌된 일인지 교과서에 실리면 외워서 시험을 봐야 할 문제로만 보이곤 합니다. 그런 두 가지를 겹쳐 놓은 책이라니 쓰면서도 걱정이 들더군요.

그런데 그런 이유로 멀리하기엔 법은 너무 억울합니다. 법은 우리에게 너무도 중요하거든요. 흔히 착한 사람에게 '법 없이도 살 사람'이라고 하는데, 그건 완전한 오해입니다. 법 없이 살 수 있는 사람은 없습니다. 자신이 모르고 있을 뿐, 법이 지켜주고 있기에 살 수 있는 겁니다.

혼자서 세상을 사는 사람은 없습니다. 사람들이 모여 마을을 이루고 사회를 이루고 더 큰 단위인 국가를 만들어 그 안에서 살고 있습니다. 태어나는 순간 선택의 여지없이 한 나라의 국민이 됩니다. 그렇게 여러 사람이 모여 살아갑니다. 그런데 각자 하고 싶은 일은 비슷하기도 하고 조금씩 다르기도 합니다. 사람들끼리 서로 부딪히지 않으면서 생활하기 위해 무엇이 필요한지, 그런 일들을 정해 놓은 약속이 바로 법입니다. 하지 말아야 할 일들을 정하기 위해서가 아니라, 하고 싶은 일들을 더 편하게 하기 위해서 법은 존재합니다. 사람이 많이 다니는 곳으로는 큰길을 놓고, 길과 길이 만나는 곳에는 신호등을 설치하지요. 길이 뚫리고 규칙이 생기면, 가고 싶은 곳으로 쉽고 빨리 갈 수 있습니다. 이런 약속들을 모아 놓은 것이 법이고 제도입니다. 법은 금지를 위해 만든 것이 아니라, 자유롭기 위해 만든 것입니다.

무엇보다 그 약속을 한 주인공이 바로 여러분입니다. 태어날 때부터 이미 존재하던 법에 따라 살아가는 것일 뿐인데 왜 '주인'이라고 하냐고요? 민주주의 국가인 대한민국에서 법은 국민의 대표인 국회 의원들이 만듭니다. 머지않은 시간에 여러분은 투표를 통해 여러분의 뜻을 대신 전달해 줄 국회 의원들을 뽑게 됩니다. 대통령이나 다른 공무원들도 그 법에 따라 국가를 운영하는 데 필요한 일을 하는 겁니다. 물론 무관심하게 살 수도 있습니다. 법을 모르더라도, 누가 국회 의원이나 대통령이 되는지 신경 쓰지 않아도 대한민국이라는 나라는 움직일 테니까요. 그런데 그렇게 살다가 어느 날 스스로 느끼기에 좋지 않은 일을 겪을 수도 있습니다. 사업을 하거나 직장을 다니다가 법을 잘 몰라서 불이익을 당할 수 있습니다. 아니, 어쩌면 자기도 모르는 사이 범죄자로 몰릴 수도 있습니다. 그전까지는 법이 주는 혜택만 누리고 살다가, 그런 일을 겪고 나서야 '법에 동의한 적이 없으니 따를 수 없다.'라고 말하며 억울하다고 할 수 있을까요?

법을 평소에 잘 쓰지 않는 어려운 말들로 만들어 놓았으니 까다롭게 느껴지는 것은 이해합니다. 사실 그건 어른들의 책임이지요. 세종대왕께서 말을 편하게 쓸 수 있도록 한글까지 만드셨는데 법률 용어는 여전히 어렵기만 합니다. 그렇지만 여러분도 조만간 어른으로 자랍니다. 그때부터는 다른 누군가가 아니라 바로 여러분의 책임입니다. 내가 살아갈 나라를 어떻게 만들지, 내가 어떤 약속을 다른 사람들과 함께할 것인지 등을 정하는 것은 여러분의 몫입니다. 어렵게 쓰인 법이 옳지 않다고 생각하면 여러분이 바꿔야 합니다. 법은 냉정하게 말합니다. '권리 위에서 잠자는 자는 보호해 주지 않는다.'라고 말입니다.

지금 대한민국에 있는 법을 모아 놓은 법전을 보면 놀랄 정도로 두껍고 복잡해 보입니다. 법을 안다는 것이 불가능해 보이지요. 하지만 법률 전문가가 아닌 이상 그걸 죄다 알 필요는 없습니다. 여러분이 공부하는 교과서에 나오는 정도만 알고 법의 기본원리를 아는 것만으로 충분합니다. 이 책은 그래서 쓴 것입니다. 교과서에 나오는 어려운 용어들을 조금 풀어서 다가가기 편하도록 말입니다. 책을 통해 만나는 미래의 주인공 여러분들 고맙고 반갑습니다.

이 나라의
진짜
주인은
누구일까?

어느 길을
어떻게 가는지

선장이 정하지만

목적지를 정하는 것은

배에 탄
사람들입니다.

목적지를
바꾸겠습니다.

아무래도 내 마음대로
하는 게 맞는 거 같아요.

목적지를 정하는 것은
국민의 뜻입니다.

만약 조선 시대에
태어났다면

'문명'이나 '삼국지' 같은 게임이 있습니다. 나라를 하나 정해 영토를 넓혀 가면서 마침내 세계를 정복하는 것이 목적이지요. 천연자원을 개발하고 돈을 벌고 기술도 발전시킵니다. 인구가 늘어나면 병사를 모아 전쟁을 치르기도 합니다. 신이나 왕 혹은 보통 사람은 따라갈 수 없는 뛰어난 능력을 가진 영웅이 게임 속 나라를 움직입니다.

그런데 그런 게임이 현실이 된다면 어떨까요? 다만 왕이 아니라 평범한 국민으로 게임 속에 뛰어든다면 말이지요. 먼저, 태어날 때부터 정해진 계급에 맞춰 살아야 할 것입니다. 하고 싶은 일을 내 뜻대로 정할 수 없지요. 어른이 되자마자 왕이 제멋대로 광산에 보내 미네랄을 캐게 만들거나 전쟁터에서 싸우라고 할지도 몰라요. 이성친구를 만나 가정을 꾸리고 하고 싶은 일들도 해 보고 싶겠지만, 그어떤 것도 자기 마음대로 할 수 없겠지요. 왕은 국민들이 뭘 원하는지 관심이 없고 자기 하고 싶은 대로 나라를 운영하겠지요.

그런데 실제로 아주 오랫동안 그렇게 살았답니다. 지금 우리가 쓰는 달력에 따라 2천 년을 기준으로 한다면 불과 백 년 전까지도 그랬습니다. 까마득한 옛날 일 같지만 백 살 넘게 사시는 어른들도 계신다는 걸 생각해 보면 그렇게 오래전 일도 아니지요. 아직도 일본엔 천황이, 영국이나 태국 같은 나라에는 왕이 남아 있습니다. 예전과 달리 직접 나라를 다스리지는 않고 상징적인 존재이기는 하지만 말이지요.

한반도에는 1392년부터 1910년까지 조선이라는 왕조 국가가 있었습니다. 이성계가 나라를 세운 이후 5백 년이 넘는 시간 동안 그 자손들만 왕이 됐습니다. 왕을 중심으로 왕을 돕는 양반들이 대대로 어떻게 나라를 이끌어 갈지 정했습니다. 그들만이 나라의 주인이었지요. 백성들은 그들이 정한 대로 따라야 했고요. 정치에 관여할 수 없었기에 '국민'이 아니라 '백성'으로 불렸지요. 백성들은 왕을 아버지처럼 받들어 모셔야 했지요. 한 나라의 많은 사람들 중에 왕으로 태어날 가능성이 높을지 백성으로 태어날 가능성이 높을지 한번 생각해 보세요. 왕은 땀을 흘리며 직접 일하지도 않고, 전쟁에 나가 직접 싸우지도 않았지요. 그러니까 마치 게임이라도 하듯 자기 하고 싶은 대로 백성들을 이용하는 일이 벌어지기도 했습니다.

민주주의의
시작

오랜 시간 끝에 사람들은 왕에게 나라를 맡겨서는 자신이 살고 싶은 대로 살 수 없다는 사실을 깨달았답니다. 그래서 국민이 주인인 나라, 바로 민주주의 국가를 만들었지요. 그 나라 안에 사는 사람들이 스스로 어떤 나라를 만들지 정할 수 있는 나라 말입니다. 한 나라의 가장 중요한 일을 결정하고, 그런 결정에 대해 다른 나라의 간섭을 받지 않을 권리를 '주권'이라고 부릅니다. 주권을 국민이 가지고 있는 나라가 민주주의 국가입니다.

그런데 한 가지 문제가 있습니다. 국민이 주인이기는 한데 그렇다고 모든 일에 모든 국민이 나설 수는 없다는 것이지요. 선생님에게 과제물을 드려야 할 때, 한 반 학생들이 모두 교무실로 찾아갈 필요는 없잖아요. 그래서 나라의 이런저런 일들을 맡길 사람들을 따로 뽑기로 했습니다. 먼저 다른 나라와의 관계에서 한 나라를 대표하고, 가장 중요한 일을 할 사람을 따로 뽑아야겠지요. 나라마다 맡는 일에도 조금씩 차이가 있어서 대통령, 총리, 수상처럼 이름을 각각 다르게 부릅니다. 대통령은 국민이 직접 뽑고, 국회와 법원, 정부를 망라해 나랏일 전체를 맡는 최고 지도자입니다. 반면에 총리나 수

상은 국회 의원들이 국회 의원들 중에서 뽑지요. 그런 나라에서는 국회가 나라살림을 하는 최고의 기관입니다. 이처럼 대표를 뽑아 나라를 운영하도록 하는 것을 '공화국'이라고 합니다. 대한민국 헌법 제1조 제1항에서 "대한민국은 민주공화국이다."라고 선언하고 있습니다. 민주(民主), 그러니까 국민(民)이 주인(主)이고 그 국민이 뽑은 대표가 나라를 다스린다는 뜻입니다. 물론 스스로 대표자로 나설 수도 있겠지요. 말로만 하는 것이 아니라 어떻게 선거를 하고, 뽑힌 사람들은 얼마 동안 무슨 일을 할 것인지 제도로 만들어 놓았다는 것입니다. 대한민국은 대통령제를 선택한 나라지요.

국민의 대표에게는 일을 하는 데 필요한 힘을 주어야 하는데 이걸 '통치 권력'이라고 합니다. 사람은 누구나 조금씩 생각이 다르기 마련이어서 국민이 뽑은 대표라 하더라도 모든 사람을 만족시키기는 어렵습니다. 전체 국민에게 좋은 쪽으로 나라를 이끌어 가기 위해서는 결정할 수 있는 힘이 있어야 합니다. 그래서 대표에게 통치 권력을 주는 겁니다.

통치 권력은 주권과 비슷해 보이지만 분명히 다릅니다. 많은 사람들을 태운 배가 있습니다. 운항을 하는 것은 뱃길을 잘 아는 선장이지요. 어느 길로 어떻게 가야 할지는 선장이 정하지만 목적지를 정하는 것은 배에 탄 사람들입니다. 국민이 가진 주권으로부터 대표에게 맡긴 통치 권력이 나오니까 힘을 가졌더라도 국민의 뜻에 맞지 않게 휘둘러서는 안 됩니다. 영화 〈변호인〉에는 통치 권력에 반대했다는 이유로 억울하게 죄인으로 몰렸던 사람들의 이야기가 나옵니다. 영화에서 변호사로 나오는 배우 송강호는 "국가란 국민입니다."라면서 맞서 싸우지요.

통치 권력은 어디까지나 대표에게 잠시 맡겨 놓은 것이고 권력의 원래 주인은 국민입니다. 그래서 통치 권력에 반대한다고 해도 곧 국가에 반대하는 것은 아닙니다. 헌법 제1조 제2항에 **대한민국의 주권은 국민에게 있고, 모든 권력은 국민으로부터 나온다.**"라고 딱 적어 놓았습니다.

힘을 나눠라, 삼권 분립

이론적으로는 통치 권력과 주권을 분명히 구별할 수 있습니다. 그런데 현실에서는 문제가 있습니다. 모든 것을 좌지우지하는 힘을 가지면 아무래도 자기 마음대로 하고 싶어 하기 마련이니까요. 그런 게 사람 마음이다 보니 누군가에게 무턱대고 권력을 맡겨 놓으면 모든 것을 제 뜻대로 했던 왕이나 다를 바 없어질 수 있습니다. 겉으로는 국민이 주인인 척 이름은 '조선민주주의인민공화국'이라고 하면서 할아버지 김일성부터 손자 김정은까지 3대가 독재를 하는 북한을 보면 알 수 있지요.

이러한 독재를 막으려면 어떻게 해야 할까요? 우선 얼마나 대표 자리에 있을지 미리 기간을 정해 놓는 방법이 있습니다. 대한민국 대통령은 5년만, 그것도 평생에 딱 한 번만 대통령을 할 수 있도록 했습니다. 그것도 헌법에 정해 놓아서 대통령 마음대로 더 길게 하거나 몇 번씩 할 수 있도록 고칠 수 없습니다(헌법 제70조).

또 어떤 게 있을까요? 16세기 프랑스의 왕 루이 14세는 "짐이 곧 국가다."라는 말을 남겼습니다. 여러 가지 뜻이 담겨 있지만 왕 한 사람이 나라의 모든 일을 결정할 수 있다는 것이지요. 그래서 민주주의 국가에서는 힘을 여러 군데로 나눠 놓았습니다. '권력 분립'이라고 하지요. 로크, 몽테스키외, 뢰벤슈타인 같은 외국의 학자들이 이론을 만들었습니다. 통치 권력을 행사하더라도 법에 의해서 하고, 그 법을 만드는 사람과 그 법에 따라 집행하는 사람을 나눠 놓는 거지요. 대통령이 어떤 정책을 펼치고 싶으면 국회에 요구해 그 내용을 법률로 만들어야 합니다. 대통령은 국회가 법률로 만들어 준 내용을 보충해 가면서 구체적인 일을 하는 거고요(헌법 제75조). 어느 누구도 일방적으로 국가를 끌고 갈 수 없도록 견제와 균형을 맞춰 놓는 겁니다. 대한민국은 행정부, 입법부, 사법부로 나누었는데 몽테스키외가 주장했던 이론과 비슷합니다.

나라의 일을 집행하는 행정부

나라의 일에는 어떤 것들이 있을까요? 한 가정을 떠올려 봅시다. 한 지붕 아래에서 의식주를 해결하는 가장 기본적인 일들이 가정에서 이뤄지지요. 그러려면 부모님이 일을 해서 돈을 벌어야 해요. 그 집에 도둑이 들지 않도록 막는 일도 필요하겠지요. 그런 일들 가운데 한 가정의 힘만으로는 해결할 수 없는 많은 것들이 있습니다. 집은 어느 땅에 지을지, 음식의 재료가 되는 식자재는 누가 구할지, 부모님은 어디에서 일을 해야 할지, 다른 가정의 친구들을 만나고 다 같이 모여 공부를 할 수 있는 학교는 누가 지을 것인지 같은 것들 말입니다. 먼 옛날에는 그런 일들도 모두 각자 알아서 했지요. 규모가 작은 집단을 이루어 마을 공동체에서 해결하기도 했고요. 그러다 함께 모여 사는 규모가 점점 커지면서 나라 전체 차원에서 해야 할 일들이 많아졌습니다. 이처럼 우리 일상생활과 아주 밀접한 분야에서 국가가 맡은 일들을 행정이라고 합니다.

정해진 땅을 효율적으로 사용하기 위해 국토교통부가 있고, 국민들이 골고루 좋은 먹을거리를 얻을 수 있도록 농림축산식품부가 있습니다. 또 산업통상자원부를 만들어 나라 전체의 산업이 잘 발전해 국민들이 소득을 얻을 수 있도록 조정하고, 교육부를 만들어 학교에서 학생들이 어떤 공부를 하도록 할 것인지 정하고, 국민들이 안심하고 살 수 있도록 재난을 막고 치안 활동을 하도록 행정안전부를 두었지요. 그 밖에도 이웃 나라들과 관계를 맡은 외교부, 질병을 막고 보다 행복한 삶을 살 수 있도록 돕는 보건복지부 등이 있습니다. 이처럼 여러 분야에서 각자 장관들이 책임지고 맡아서 일을 하되 대통령이 행정의 총 책임자로서 관리하도록 한 것입니다. 헌법 제66조 제4항은 "행정권은 대통령을 수반으로 하는 정부에 속한다."라고 정해 놓았습니다.

그렇다고 대통령 혼자 모든 일을 다 알아 가면서 처리할 수는 없습니다. 위에서 본 행정 각 부의 장을 국무위원으로 하고 대통령을 의장, 국무총리를 부의장으로 해서 국무회의를 열어 나라 살림 전체를 결정합니다. 행정은 대단히 많은 일을 처리하기 때문에 제대로 일을 하는지 감독하는 감사원을 별도로 두기도 합니다. 감사원은 국민이 맡긴 일을 제대로 하는지 감시하고 나라 살림의 수입과 지출도 헤아려 봅니다. 이중 삼중으로 안전장치를 만드는 것이지요.

그런데 대통령은 행정부의 책임자이면서 동시에 국가 원수, 그러니까 나라 전체를 대표하는 자리이기도 합니다. 나라끼리 자원을 교류하는 약속을 하거나 영토와 관련된 논의를 할 때처럼 다른 나라와의 관계에서 그 나라를 대표할 사람이 필요하니까요. 전쟁이나 재난 같은 위기 상황에서는 평상시와 달리 한 사람에게 힘을 집중시켜서 빨리 문제를 해결할 필요도 있습니다.

대통령은 또 입법부, 행정부, 사법부로 나눠 놓은 각 분야가 서로 잘 도와 나라의 일을 원만하게 처리할 수 있도록 조정하는 역할도 합니다. 이처럼 대통령이 가진 권력은 대단히 큽니다. 누구를 대통령으로 뽑느냐에 따라 대한민국의 5년이 어떻게 운영되는지 정해진다고 할 수 있습니다. 대통령을 하겠다고 나선 후보들이 그 전에 무슨 일을 해 왔는지, 대통령이 되면 어떻게 나라를 이끈다고 하는지 꼼꼼히 살펴보고 뽑아야겠지요.

국민의 뜻을 대변하는
입법부

행정은 국민 생활을 편리하게 해 줘야 하니 우선 국민의 뜻을 잘 살펴야 하겠지요. 국민의 뜻을 대변하는 기관으로 국회와 지방 의회가 있습니다. 국회와 지방 의회의 구성원인 '의원'들은 국민이 직접 뽑지요. 의회에서는 국민의 의견을 반영해 이러저러한 일들을 하기 위한 법을 만들고, 바로 이 법에 따라 일을 진행하고 처리하는 것이 행정입니다.

국회에서 만드는 법들은 나라 전체에 영향을 끼치지요. 교통량이 많아져 새롭게 길을 내기로 합니다. 그런데 길이 지나가는 땅에 이미 집이 지어져 사람들이 살고 있을 수도 있고, 논밭이 있을 수도 있습니다. 길이 뚫리면 더 많은 사람이 편리하겠지만 그 땅을 이미 다른 용도로 사용하는 사람들의 권리도 보호해 줘야 합니다. 그래서 다른 사람들의 땅을 이용해 길을 만들 수 있는 경우는 어떤 경우인지, 또 그럴 때는 땅에 대하여 얼마나 보상을 해 줘야 하는지 등을 법으로 정해 놓아야 합니다. 그런 법들은 행정을 맡은 사람들이 아니라 국민이 뽑은 의원들이 국회에서 만듭니다. 이처럼 의원들이 법을 만드는 것을 입법이라고 합니다. 헌법 제40조는 입법권이 의원들이 모인 국회에 있다고 밝히고 있습니다. 국회 의원들이 만든 법은 행정을 맡은 이들이 자기 마음대로 나라 살림을 운영하지 못하도록 막는 역할도 하지요.

그럼, 대한민국에는 법이 몇 개나 있을까요? 지금까지 만들어진 것만 4천 개가 넘습니다. 거꾸로 보면, 그만큼 복잡한 여러 가지 일이 벌어지고 있다는 뜻이지요. 대통령은 한 사람이지만 국회 의원은 3백 명가량입니다. 왜 이렇게 많아야 할까요? 국회 의원들은 여러분이 살고 있는 지역의 목소리를 여러분을 대신해서 나라 전체에 전달하는 역할을 맡습니다. 국민의 뜻을 대신 전달한다고 해서 대의 정치라고 하지요. 각 지역에 필요한 일들이 각각 다르고, 나라 전체의 방향에 대해 각기 다른 생각을 가지고 있을 수도 있지요. 그렇게 많은 의견을 전달하기 위해서는 이 정도 수의 국회 의원이 필요하다고 법으로 정해 놓았지요.

국회 의원들이 단순히 국민의 여론을 대변하는 것만은 아닙니다. 국민에게 국가의 운영 현황에 대해 알려 주고 나아갈 방향을 제시하기도 하지요. 쌍방향 소통입니다. 어떻게 보면 불편하고 복잡한 절차라고 생각할 수도 있지요. 한두 사람이 알아서 하는 게 훨씬 빠르고 간단할 테니까요. 하지만 그렇게 하는 것은 왕의 시대로 돌아가는 것입니다.

국회에서 중요한 것은 토론과 합의입니다. 최종적으로 다수결을 통해 의사를 결정하긴 하지만, 다수결도 단순히 누가 많은가를 따져 보는 것은 아닙니다. 누가 많은지 셈을 해 보기 전에 어떤 의견이 옳은지 충분히 토론을 거치는 것이 다수결의 진짜 의미입니다. 결론이 아니라 과정에 민주주의가 있는 겁니다. 회의를 효율적으로

하기 위해 국회 의원들은 다시 국회의장을 뽑고, 전문 분야별로 위원회를 꾸립니다. 뜻을 같이하는 국회 의원들끼리 모여 교섭 단체를 만들고요. 토론을 원활하게 하기 위해서입니다. 이 모든 절차는 3백 명의 국회 의원들이 효과적으로 토론하기 위한 방법이라고 할 수 있지요.

번거로운 과정처럼 보이지만 나라에 관한 중요한 일들을 결정하는 과정이니까요. 충분히 의견을 주고받다 보면 처음과 다른 생각을 하는 사람도 있을 것이고, 미처 떠올리지 못했던 좋은 해결책이 나올 수도 있지요. 그런 다음 마지막으로 다수결에 따른 결정을 해야 찬성하는 사람도 반대하는 사람도 결과에 수긍할 수 있지요.

법을 적용하는
사법부

국회에서 만든 법이 공정하게 잘 적용되는지 지켜보고 판단하는 것을 사법이라고 합니다. 헌법 제101조 제1항은 사법권은 법관으로 이뤄진 법원이 가지고 있다고 합니다.

간혹 어른들이 목소리 높여 싸우면서 "법대로 하자."라는 얘기를 하는 걸 본 적이 있지요? 이는 맞는 얘기일 수도 있지만 틀린 얘기일 수도 있습니다. 법은 국회 의원들이 국민의 뜻을 대신해서 만듭니다. 법에 뭐라고 쓰여 있는지 보고, 왜 그렇게 써 놓았는지도 함께 생각해 봐야 법의 의미를 제대로 이해할 수 있습니다. 법을 나타내는 글을 글자 그대로만 해석하면 원래 그 법이 만들어진 이유도 모른 채 그 법에 담긴 국민의 뜻과 다르게 법을 함부로 판단할 수도 있거든요. 더구나 법은 한번 만들어 놓으면 절대 변하지 않는 게 아닙니다. 처음부터 뭔가 빠뜨리고 잘못 만들었을 수도 있고, 세상이 바뀌어 낡은 옷처럼 더 이상 맞지 않게 된 것들도 있습니다. 그런 법들은 다시 바꾸어야 합니다. 판사, 검사, 변호사는 어떤 사건이 일어났을 때 법의 원래 의미가 무엇이었는지에 따라 사건을 해결하는 일을 합니다. 어떤 법을 적용해야 할지, 혹시 지금 법으로는 올바른 해결을 할 수 없는 건 아닌지 찾아봅니다. 그냥 기계적으로 법을 적용한다면 법전 한 권만 필요하겠지요.

사법부는 직접 법을 만들 수는 없고, 국회 의원이 만든 법을 적용만 해야 하니까 힘의 한계가 있습니다. 행정, 입법, 사법을 나누는 권력 분립을 통해 서로 견제하면서 균형을 맞추도록 한 것이지요. 이렇듯 대한민국의 기본 구조는 국민이 맡겨 놓은 권력으로 나라를 좋은 방향으로 이끌 수 있도록 잘 짜여 있습니다.

직접 민주주의,
간접 민주주의

그렇다면 국민이 직접 행정, 입법, 사법에 참여할 수 있는 방법은 어떻게 마련해 놓았을까요?

먼저, 선거를 통해 나랏일에 참여할 수 있습니다. 이를 참정권이라고 합니다. 자격을 갖춘 자라면 누구나 중앙 정부와 의회의 대표, 즉 대통령이나 국회 의원에 출마할 수 있습니다. 또 우리나라는 지방 자치 제도를 운영하고 있습니다. 우리가 사는 지역의 살림을 맡을 사람들을 직접 뽑는 겁니다. 자신이 사는 지역의 지방 의회 의원이 되거나 시장이나 구청장도 될 수 있지요.

그런데 국민이 직접 나서서 의사를 결정하지 않고 대표를 뽑는 가장 큰 이유는 많은 사람의 의견을 일일이 물어보기 어렵기 때문입니다. 선거를 한 번 치르려면 나라에 너무 큰 부담이 되니까요. 하지만 현대 사회는 과학 기술의 발달로 국민의 의사를 묻는 일이 점점 쉬워지고 있지요. 그런 만큼 다시 직접 국민의 의사를 묻는 분야를 늘리는 것도 가능해지겠지요.

국가의 중대사를 결정하기 전에 스마트폰으로 간이 투표 같은 것을 실시하는 것도 생각해 볼 수 있을 겁니다. 국가 전체의 일에 국민이 간접적으로 참여하는 방법들이 있습니다. 이를테면 대통령, 국회 의원처럼 선거로 뽑히는 것이 아니라 판사, 검사, 경찰, 군인, 소방관처럼 일정한 자격시험을 거쳐 나랏일을 맡을 수도 있습니다. 선거로 뽑든 시험을 치든 국민을 대신해 나라 전체를 위해 일하는 분들을 통틀어 공무원이라고 합니다. 모든 국민이 각자 화재와 싸우고, 재산을 지키기 위해 범죄를 수사하고, 잘잘못을 따지기 위해 재판을 할 수는 없잖아요. 그랬다간 오히려 엄청나게 무질서해지기도 할 겁니다. 그래서 주인으로서 직접 그런 일들을 할 수 있지만 공무원들에게 대신 하도록 맡긴 겁니다. 공무원이 된 사람의 입장에서는 직접 나라의 일을 맡는 것입니다. 누구나 공무원이 될 수 있다는 뜻으로 '공무담임권'이라고 부르는 헌법상 권리도 갖습니다(헌법 제25조). 그 대신 전체 국민의 입장에서 보면 자신의 일을 누군가를 통해 간접적으로 하는 것이지요.

그분들도 직업으로 대가를 받고 일을 하지만 여러 사람을 위한 공공의 일을 하는 것이니까 그만큼 존중해야 하겠지요. 동시에 공무원 역시 국민을 위한다는 역할을 잊으면 안 될 것이고요. 헌법 제7조 제1항은 "공무원은 국민전체에 대한 봉사자이며, 국민에 대하여 책임을 진다."라고 말하고 있습니다.

국가와 헌법은 왜 있나요?

2

40년 동안
헌법이 무려 9번 바뀌고,

쿠데타가 3번 있었고,

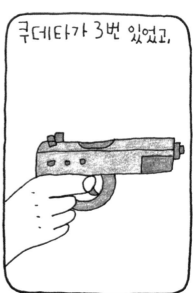

독재 권력을 물리친 일이
2번이나 있었으며,

13번이나 계엄령이
내려지기도 했습니다.

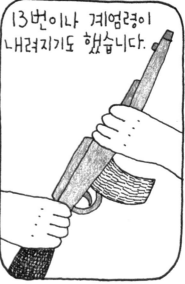

먼 옛날일,
역사책에 나오는 이야기가
아니랍니다.

우리가 무관심해지면
어떤 일이 있을지
모릅니다.

이것이
우리가 법과 정의에
관심을 가져야하는 이유입니다.

대한민국 국민으로
산다는 것

축구나 야구 같은 스포츠를 좋아하지요? 경기 결과를 예측하기 어렵고, 노력의 과정이 아름답기 때문일 것입니다. 그런데 그런 스포츠 경기에 규칙이 없다면 어떻게 될까요? 아마 축구든 야구든 경기 시작과 동시에 난장판이 되어 버릴 것입니다. 축구인지 핸드볼인지 싸움인지 알 수 없는 상태가 될 거예요.

평소 우리의 삶도 마찬가지지요. 아침에 일어나면 학교에 가야 합니다. 등굣길은 인도와 차도를 나눠 놓고 파란불이 켜졌을 때만 길을 건널 수 있고요. 학교에 가면 공부하는 시간, 쉬는 시간, 밥 먹는 시간까지 정해 놓았지요. 불편하다고 생각해 본 적 없나요? 내가 정해 놓은 것도 아닌데 왜 따라야 하는지 말이에요.

우리 주변에는 이처럼 크고 작은 규칙들이 있습니다. 더 크게는 법률이 있지요. 법률은 국가 기관인 국회에서 만듭니다. 결국 이 나라에 태어났기 때문에 우리가 따라야 하는 법률이지요.

그런데 대한민국이라는 나라에 살게 해 달라고 한 적도 없는데 조금 억울하다고요? 누가 국가를 만들어서 그 안에서 살게 만들었냐고요? 사람들이 스스로 알아서 하고 싶은 일을 하면서 살아도 좋을 텐데 말이지요?

국가는
어떻게 만들어졌을까

물론 그렇게 살았던 때도 분명히 있었지요. 그런데 그렇게 살았던 시절에는 아마 덩치 크고 힘센 사람들이 자기들 마음대로 하지 않았을까요? 힘이 센 사람들끼리 누가 더 센지 겨루느라 날마다 싸움이 끊이지 않았을 것 같습니다. 고래 싸움에 새우 등 터진다고 하잖아요. 약한 사람들은 살아가기가 너무 힘들었을 겁니다.

토머스 홉스는 그런 시절에 대해 '만인 대 만인의 투쟁'이라고 표현했어요. 물론 규칙이 없던 옛날이라고 사람들이 서로 싸우기만 했겠느냐고 생각할 수도 있을 겁니다. 어른들이 '법 없이도 살 사람'이라는 말을 하기도 하잖아요. 하지만 아무리 착한 친구들끼리라도 서로 의견 다툼이 있을 때가 있습니다. 그리고 지나치게 자기주장만 펴는 친구도 하나씩 있기 마련이잖아요. 친구들끼리 어찌할 수 없는 상황에 처하게 되기도 하지요.

모든 일이 대화와 토론으로 해결될 수 있다면야 좋겠지만 폭력으로 이어질 때도 있지요. 그럴 때는 어떻게 하면 좋을지, 누군가 나서서 해결해 줘야 할 겁니다.

비록 그런 다툼이 없다고 할지라도 처음부터 규칙을 정해 놓는 것이 서로 편리할 때가 많습니다. 사실 축구나 야구 경기에 규칙이 없으면 아무 재미가 없을 거예요. 축구장에 공이 한 1백 개쯤 굴러다니고 선수도 관중도 따로 없이 우르르 몰려들어 아무 골대에나 공을 차서 골을 넣는다면 무슨 재미가 있겠어요? 그래서 서로 약속을 만들기 시작했고 그게 쌓여 규칙과 법이 됐습니다. 그 법을 적용할 수 있도록 하기 위해 나라를 만들었다고 합니다. 법이 있어도 사람들이 무시해 버리면 아무 소용이 없으니까요. 일단 서로 약속을 한 다음에는 강제로 법을 적용할 수도 있게끔 모든 사람들의 힘을 모아 국가에 통치 권력으로 맡긴 것이지요.

국가의 기원에 대해 홉스 말고 존 로크, 장 자크 루소 같은 학자들 역시 이런 방식으로 이야기합니다. 국민이 국가라는 틀 안에서 살아가긴 하지만, 그런 국가는 국민 전체와는 별개로 존재한다고요. 우리 몸에 달린 머리, 팔, 다리는 각자 하는 일이 다르지만, 그것들이 모이면 또 하나의 몸이잖아요. 더 자세히 보면 세포 하나하나로 나눌 수도 있고요. 그런 몸이 하나로 움직이는 것은 세포인 국민들이 스스로 그렇게 하자고 약속을 했기 때문이라는 겁니다. 이런 이론을 '사회 계약설'이라고 합니다. 즉 자연 상태에서는 자유와 권리의 보장이 확실하지 않으므로 계약을 맺어 국가를 구성하고 자신들의 권리를 국가에 위임하는 것이지요.

그럴듯하지 않은가요? 옛날엔 국가란 신이 만든 것이라는 식으로 주장하는 사람도 있었어요. 그 나라를 다스리는 왕도 하늘이 정해 준 거니까 국민들은 그 뜻을 거슬러서는 안 된다고 속였지요. 물론 여러분 중에는 "지금의 나라는 내가 직접 만든 게 아니니까 싫다."라고 말하는 사람도 있지요. 그런데 나라의 중요한 일을 결정하는 힘은 국민에게 있다고 말했잖아요. 법은 많은 규칙 중에서 중요한 것들을 골라 놓은 것인데, 그 법을 만드는 것은 국민의 대표들이 모인 국회입니다. 그러니까 많은 사람이 불편하다고 생각하는 규칙은 언제든 바꿀 수 있지요. 내가 만들지 않았더라도 내가 바꿀 수 있으니까 억울해하지 않아도 된답니다.

국가의 3요소
영토, 국민, 주권

그런데 가만히 보면 그렇게 약속 같은 걸 하지 않더라도 대한민국이라는 나라의 존재는 우리에게 당연하게 여겨져요. 세계 지도를 봐도 한반도는 다른 나라들과 한눈에 구별이 되잖아요. 그 안에 사는 우리도 오래전부터 같은 말을 썼을 테고요.

네, 그런 면도 있습니다. 우리뿐만 아니라 많은 나라가 그렇게 지리적인 이유 때문에 지금의 국가로 발전했습니다. 그래서 왕이 다스리던 과거도 우리나라의 한 역사이지요. 고조선부터 고구려, 백제, 신라를 거쳐 고려, 조선에 이르기까지 분명히 우리 조상님들의 나라였습니다. 다만 그런 역사적인 모습이 아니라 법의 눈으로 봤을 때 국가란 어떻게 만들어졌다고 할 것인지를 생각해 보자는 겁니다.

국가는 어디서부터 어디까지라는 공간으로 정해진 '영토', 그 안에서 같은 나라 사람들이라고 여길 수 있는 '국민', 그렇게 정해진 사람들끼리 뜻을 모아 독립적으로 의사 결정을 할 수 있는 '주권'을 가지고 있어야 합니다. 그래서 흔히 영토, 국민, 주권을 가리켜 국가의 3요소라고 합니다.

그런데 잠깐, 이렇게 기준을 정해 놓고 보면 몇 가지 문제가 발생

합니다. 먼저 영토에 대해 살펴봅시다. 당장 북한을 어떻게 봐야 할까요? 북한은 우리의 영토인가요, 아니면 남의 땅인가요? 우리 헌법 제3조는 대한민국의 영토는 한반도와 그 주변의 섬들이라고 정해 놓았습니다.

북한은 한반도 안에 있으면서도 다른 나라처럼 자리를 차지하고 있잖아요. 게다가 헌법에는 평화적으로 통일을 해야 한다는 내용도 들어 있습니다. 모두 우리 땅이라고 하면서 어떻게 다시 하나로 합치자는 말을 할 수 있는지 이상하지요. 합치자는 말은 두 개로 나뉘었을 때 하는 말이잖아요?

우리 헌법이 틀린 것처럼 보일 수도 있습니다. 그래서 우리 헌법재판소는 북한을 나라로 인정하는 것은 아니지만 현실적으로 나누어져 있는 것도 사실이라고 설명합니다. 그리고 하나로 합치는 방법은 무력이 아니라 대화와 협력이라고 다소 복잡하게 설명합니다. 북한 주민들은 공산주의 독재 아래 갇혀 있지만 대한민국으로 들어오면 우리 국민이 누리는 권리와 의무를 갖습니다. 원래부터 우리 국민이니까요.

두 번째, '국민'의 의미도 살펴봅시다. 국민이라는 자리는 여러 가지 모습을 한꺼번에 가지고 있어요. 모든 권력은 국민으로부터 나오니까 국민이 진짜 주인이지만, 한편으로는 국가에서 시키는 대로 여러 가지 일을 해야 하지요. 이를테면 건강한 남자는 모두 군대에 가야 하지요. 또한 권력을 쥐고 있는 대통령 역시 대한민국을 대표하는 국가 원수이지만, 사람으로 보면 여전히 국가에 속한 한 사람의 국민이지요.

그래서 국민의 개념은 국가의 기원과 연결해서 생각해야 해요. 누구나 자기가 하고 싶은 대로만 하면 결국 힘센 자들의 뜻에 따라 살 수밖에 없을 것이고 그들도 더 힘센 사람이 나타나면 자기 자리를 양보해야 하기 때문에 결국 국가를 만들어 서로 어울려 살게 된 거라고 했잖아요. 그 말은 국민이란 국가가 나서서 보호해야 할 대상이라는 의미예요. 몇몇 사람에게 치우치지 않고, 모든 국민이 어우러져 자유롭고 행복하게 살 수 있도록 국민의 권리를 지켜 줘야 제대로 된 국가라고 할 수 있지요.

국가의 마지막 요소인 '주권'에 대해서는 앞 장에서 이미 설명했지요. 바로 국민이 가지고 있는 권리로 나라의 가장 중요한 일을 결정하고, 외국으로부터 간섭받지 않을 권리이지요.

우리나라
헌법의 역사

대한민국 헌법의 제1조부터 제3조까지가 바로 주권, 국민, 영토에 관한 것이에요.

제1조　1항　대한민국은 민주공화국이다.

　　　　2항　대한민국의 주권은 국민에게 있고, 모든 권력은 국민으로 부터 나온다.

제2조　1항　대한민국의 국민이 되는 요건은 법률로 정한다.

　　　　2항　국가는 법률이 정하는 바에 의하여 재외국민을 보호할 의무를 진다.

제3조　　　　대한민국의 영토는 한반도와 그 부속도서로 한다.

헌법은 짧은 몇 마디로 만들어져 있는 조항이 많지만 곰곰이 들여다보면 그 안에 많은 의미를 담고 있습니다. 헌법은 한 국가의 가장 기본을 밝힌 법이니까요. 그 나라의 국민은 어떤 권리를 가지는지, 국가 기관은 어떻게 만들고 무슨 일을 맡는지와 같이 국가의 가장 큰 줄기를 잡아 주는 법이 헌법입니다. 헌법이 국가의 큰 줄기이기 때문에 헌법이 어떻게 바뀌어 왔는지를 보면 그 나라의 역사를 잘 알 수 있답니다.

그런데 지금부터 가슴 아픈 얘기를 해야 합니다. 사실 대한민국은 참 많은 어려움을 겪으면서 오늘에 이르렀거든요. 우리나라에 헌법이 처음으로 등장한 것은 1899년입니다. 나라 이름을 '조선'에서 '대한제국'으로 바꾸면서 여전히 왕은 있지만 혼자서 마음대로 하는 것이 아니라 헌법에 따라 나라를 다스리는 입헌 군주제를 택하겠다고 했지요. 전제 군주 국가와 민주주의 국가의 중간 단계라고 할까요? 조금은 발전한 국가의 모습이었습니다.

하지만 불행하게도 대한제국은 1910년 일본과 한일병탄조약을 맺으면서 사라졌습니다. 조약이란 국가와 국가 사이의 약속입니다. 그런데 그 약속의 내용이 일본이라는 나라 밑으로 들어가겠다는 것이었지요. 간섭을 받는 정도가 아니라 완전히 주권을 빼앗긴 것이어서 우리나라를 독립한 하나의 국가라고 부를 수 없게 된 겁니다.

일본은 1945년 8월 14일까지 우리나라를 자기네 영토의 일부처럼 다스렸습니다. 35년 만에 어렵사리 광복을 맞았고, 3년이 지나 역사상 처음으로 국회를 열었습니다. 국민의 대표들이 1948년 7월 17일 대한민국 건국 헌법을 만들면서 비로소 국가로서 틀을 갖췄습니다. 법적으로 대한민국이 탄생한 날이며, 헌법을 만든 그날을 기념하기 위해 제헌절을 국경일로 지정했지요.

　그런데 뭐든 처음 해 보면 서툴기 마련이잖아요. 왕이 다스리는 나라였다가 남의 나라의 지배 아래 있다가 갑작스레 독립 국가가 됐으니 혼란스러울 수밖에요. 주인이라는 건 그만큼 책임이 따른다는 뜻입니다. 생각해 보세요. 부모님이 간섭하는 건 싫지만 부모님이 안 계시고 모든 걸 내가 꾸려야 한다면 얼마나 힘들까요? 왕이나 다른 나라가 시키는 대로 살다 갑작스레 국민이 국가의 주인이라고 하니까 그와 비슷한 일이 생겼습니다.

　1948년부터 지금의 헌법이 만들어진 1987년까지는 혼란의 연속이었어요. 그 40년 동안 국가의 정신을 밝혀 놓은 헌법이 무려 9번이나 바뀌었습니다. 그렇게 자주 바뀐 이유는 권력을 손에 쥔 사람들이 자기들 마음대로 나라를 이끌려고 했기 때문이지요. 군인들이 총칼을 앞세워 정부를 차지했던 쿠데타가 3번이나 있었고, 그런 독재 권력을 국민들이 나서서 물리친 일도 2번이나 있었습니다.

　역대 대통령들이 어떤 일을 겪었는지 보면 더 이해가 빠를 거예요. 한 사람은 국민들에게 쫓겨 해외로 떠났고(이승만 대통령), 한 사람은 총에 맞아 죽었습니다(박정희 대통령). 다른 두 사람은 쿠데타를 일으킨 죄로 대통령 자리에서 물러난 다음 교도소에 갇혔고요(전두환, 노태우 대통령). 그런 일들이 벌어지는 사이 나라 전체에 13번이나 계엄령이 내려지기도 했습니다. 계엄은 군인들이 총을 들고 국민들의 일상생활을 감독하는 것이에요. 권력을 장악한 자들이 국민들을 억누르기 위해 계엄령을 이용했습니다.

그런 잘못된 일들에 저항하면서 많은 사람이 자유와 정의를 위해, 대한민국을 보다 좋은 나라로 만들기 위해 싸웠습니다. 지금 우리가 누리는 것들은 그냥 얻은 것이 아니에요. 1987년이면 아주 오래전 일처럼 느껴질지 모르지만 부모님이 언제 태어나셨는지 한번 생각해 보세요. 먼 옛날 일, 역사책에 나오는 이야기가 아니랍니다. 우리가 나라의 일에 무관심하고 어떤 사람들을 대표로 뽑을지 관심을 갖지 않는다면 또 어떤 일이 있을지 모르지요. 여러분이 법과 정의에 관심을 가져야 하는 이유입니다.

헌법 전문과
아름다운 우리나라

그렇게 어려운 시간을 거쳐 만들어진 우리 헌법은 어떤 내용을 담고 있을까요. 대한민국 헌법은 '전문'으로 시작합니다. 전문은 맨 앞자리에 써 놓은 글이라는 뜻인데, 여러 개의 쉼표로 이어진 아주 긴 하나의 문장입니다. 얼핏 읽으면 어렵고 딱딱하기도 합니다. 좋아 보이는 말들을 모두 모아 놓은 것처럼 느껴지기도 해요.

하지만 거기에 쓰인 단어 하나하나가 중요한 의미를 가지고 있습니다. 대한민국이라는 나라는 어떤 나라이고 앞으로 어떻게 만들어 나갈 것인지 큰 목표를 잡아 놓은 것이거든요. 우리도 어떤 사람이 되겠다고 목표를 세우는 일이 많잖아요. 가훈이 있는 집도 있고, 학교에는 교훈이, 학급마다 급훈이 따로 있기도 하고요. 큰 목표를 정해 놓아야 그걸 이루기 위해 작은 계획들을 세울 수 있잖아요. 헌법의 전문도 그런 역할을 한답니다.

전문의 내용을 달성하기 위해 그 밑에 구체적인 헌법 조문들을 만들어 놓았습니다. 헌법 조문들에 나오는 내용들을 또 자세하게 나눠서 써 놓은 게 법률입니다. 그래서 새로운 법률을 만들 때는 먼저 헌법의 정신에 어긋나지 않는지 검토해 봐야 합니다. 행정부에서 나라 살림을 할 때도 그것이 헌법 전문에 어긋나지 않는지 항상 판단해야 하지요. 법 위에 있는 최고의 법이라고 생각하면 된답니다.

대한민국의 국민이라면 최소한 전문에 어떤 내용이 들어 있는지는 알아야겠지요? 내가 사는 나라가 어떤 나라인지 모른다면 주인이라고 할 수 없잖아요. 자, 다 같이 헌법 전문을 한번 읽어 볼까요?

대한민국 헌법 전문

(헌법 제10호, 1987년 10월 29일)

유구한 역사와 전통에 빛나는 우리 대한국민은 3·1운동으로 건립된 대한
민국임시정부의 법통과 불의에 항거한 4·19민주이념을 계승하고, 조국의
민주개혁과 평화적 통일의 사명에 입각하여 정의·인도와 동포애로써 민족
의 단결을 공고히 하고, 모든 사회적 폐습과 불의를 타파하며, 자율과 조화
를 바탕으로 자유민주적 기본질서를 더욱 확고히 하여 정치·경제·사회·문
화의 모든 영역에 있어서 각인의 기회를 균등히 하고, 능력을 최고도로 발
휘하게 하며, 자유와 권리에 따르는 책임과 의무를 완수하게 하여, 안으로
는 국민생활의 균등한 향상을 기하고 밖으로는 항구적인 세계평화와 인류
공영에 이바지함으로써 우리들과 우리들의 자손의 안전과 자유와 행복을
영원히 확보할 것을 다짐하면서 1948년 7월 12일에 제정되고 8차에 걸
쳐 개정된 헌법을 이제 국회의 의결을 거쳐 국민투표에 의하여 개정한다.

전문은 '우리 대한국민은'이라고 시작합니다. 주어가 '국민'이잖아
요? 헌법을 만드는 것도, 그 헌법에 따라 살기로 한 것도 우리 스스
로임을 밝히는 거예요.

그다음이 대한민국이라는 나라의 역사입니다. 왕이 지배했던 조선이나 대한제국과는 다르지만 그렇다고 일본의 지배 아래에 있었을 때를 그 시작으로 볼 수도 없지요. 그래서 '3·1운동으로 건립된'이라는 말을 넣었습니다. 일제 강점기 당시 중국으로 피난해 만들었던 대한민국 임시 정부와 지금의 우리나라가 법적으로 이어져 있다고 선언한 것이지요. 그때부터 우리 국민은 주인이 되기 위해 일본의 제국주의에 맞서 싸웠으니까요.

그런데 어렵게 독립을 얻었는데 시작부터 난관에 부딪혔어요. 대한민국 최초의 대통령으로 뽑힌 이승만 대통령이 12년 동안 혼자 대통령을 했답니다. 한 사람이 그렇게 오래 권력을 갖고 있으면 아무래도 잘못된 길로 빠지기 쉽겠지요. 국민의 뜻을 대신하는 대표라기보다 스스로가 권력의 주인이라고 착각하기 쉽습니다. 이승만 대통령도 욕심이 커진 나머지 더 오래 자리를 지키기 위해 부정 선거를 저질렀습니다.

학생들을 중심으로 온 국민이 항의에 나섰고 결국 대한민국 최초의 혁명인 4·19혁명으로 이어졌습니다. 누구 한 사람이나 그 사람을 둘러싼 사람들이 나라의 주인이 아니라 국민 전체가 주인이라는 사실을 확인한 사건이지요. 그래서 헌법 전문에는 '불의에 항거한 4·19민주이념을 계승'한 정의로운 국가가 대한민국이라고 적어 놓았습니다. 독재가 아니라 민주주의에 따라 국민이 자유롭게 사는 것이 국가의 기본 질서임을 강조하고 있습니다.

일방적으로 정해 주는 독재가 아니라 자유롭게 살 때 국민이 가진 능력을 최고로 발휘할 수 있고, 또 그것이 국가의 발전으로 이어진다고 설명합니다. 그러기 위해서는 과거에 있었던 잘못된 제도나 사람들의 인식도 바꿔야 하지요. 생각해 보세요. 단군부터 따지면 5천 년이 넘는 시간인데 국민이 직접 주인이 되기로 하고 헌법을 만든 건 이제 60년이 조금 넘었으니까요. 당장 고쳐지기 힘든 것이 많을 수밖에요. 그런 것들을 국가와 국민이 함께 헤쳐 나가자고 다짐한 거지요. 국가 역시 특정 계층이 아니라 국민이 골고루 잘 살 수 있도록 노력하기로 했고요. 물론 국민은 그런 자유와 권리를 누리는 대신 거기에 맞는 책임과 의무를 다할 것을 약속하고 있습니다.

한 가지 아쉬운 점이 남네요. 같은 말, 같은 조상님을 가졌는데 우리처럼 살지 못하는 북한이 있잖아요. 전문에서는 평화로운 방법으로 통일을 이루는 것을 중요한 과제로 정해 놓았지요. 또 우리 민족이 굳건하게 단결해야 한다고 밝혔습니다.

그렇게 아름다운 대한민국을 만들면 자연스레 이웃 나라들과도 잘 어우러져 대한민국 국민뿐만 아니라 인류 전체가 아름다운 세상에서 살 수 있을 것이라고 밝혀 놓았습니다. 어때요, 아름다운 대한민국이라고 부를 만하지요?

잊어서는 안 됩니다. 헌법 전문은 어렵사리 일궈 낸 지금의 민주주의를 지키기 위한 우리 스스로의 약속입니다. 이미 이룬 것도 있지만 앞으로 만들기 위해 노력할 과제이기도 합니다.

학생답게
살 권리가
있다고요?

3

민주는 요즘 학교에 불만이 많습니다. 같은 반 몇몇 유별난 친구들 때문에 도무지 수업 분위기가 나지 않아서입니다. 중학생이 되고 어른들처럼 몸이 자라서인지 자기들 멋대로 행동했습니다. 자기들끼리 수업에 집중하지 않는 거야 상관없습니다. 그런데 도가 지나쳐 다른 친구들을 방해합니다. 다른 친구들을 괴롭혀도 선생님은 잔소리 몇 마디로 끝냅니다. 한술 더 떠 선생님에게 대놓고 덤비는 친구까지 있습니다.

그런 일이 반복되다 보니 민주에게도 선생님이 우습게 보이기까지 합니다. 다른 친구에게 들으니 모든 게 '학생 인권 조례'라는 것 때문이라고 합니다. 학교에서 체벌을 금지하고 두발이나 옷차림도 자유롭게 하도록 허용했다고 합니다. 민주도 맞는 것은 싫습니다. 하지만 열심히 공부하려는 친구들은 맞을 일이 없을 거라는 생각이 듭니다. 선생님이라면 말썽 부리는 친구들을 때려서라도 혼내 줘야 민주처럼 공부하고 싶은 학생들이 보호받을 수 있다고 생각합니다.

게다가 학생 인권 조례 같은 것이 생겨서 야간 자율 학습도 없앴다고 합니다. 그 바람에 학교에서 공부하지 못하고 밤늦게까지 학원에 다니는 일이 벌어졌다고 했습니다. 우습게도 학생 인권 조례에는 임신을 하거나 동성애를 한다고 차별하지 말라는 내용도 있다고 합니다. 민주는 도대체 어른들을 이해할 수가 없습니다. 성에 갓 눈을 뜨기 시작한 어린 학생들에게 마음대로 해도 좋다는 식으로 법을 만들어 놓으면 어쩌라는 것인지 모르겠습니다.

자, 민주네 반에서 벌어진 이 문제를 어떻게 바라보면 좋을까요?

태어날 때부터 가지는 권리, 천부 인권

옛날이야기에 나오는 왕들은 대부분 평범한 사람이 아닙니다. 우리나라 단군 신화도 그렇습니다. 단군은 하늘에서 온 신과 사람으로 탈바꿈한 곰 사이에서 태어났지요. 제주도 삼성혈에는 삼 형제가 땅속에서 솟아나 탐라국을 세웠다는 전설이 전해 내려오고요. 신라를 건국한 박혁거세는 빛나는 커다란 알에서 나왔다고 합니다. 사람보다 신에 가까운 존재들, 그런 식으로 이야기를 꾸며 보통 사람들을 다스릴 수 있는 권리를 가지고 태어난 것처럼 여기게 하지요.

옛날 사람들은 그런 이야기를 꽤 진지하게 받아들였나 봅니다.

하지만 인류의 의식 수준이 높아지면서 그건 있을 수 없는 일이라는 걸 깨달았습니다. 아이 때는 현실과 동화를 구분하지 못하다가 자라면서 산타클로스를 믿지 않게 되는 것처럼 말입니다. 누구는 태어날 때부터 왕으로, 누구는 노예로 살아가야 하는 게 잘못된 일이라는 걸 인류가 알아차린 것입니다. 왕은 특별한 사람이 아니고 모든 사람이 태어날 때 하늘로부터 똑같은 권리를 받는다는 사실을 안 겁니다.

인류는 결국 누구나 생명은 똑같이 소중하고, 자유롭게 하고 싶은 일을 할 수 있고, 일한 만큼 대가를 받을 수 있어야 한다는 걸 선언하기에 이릅니다.

영국에서는 1689년 권리장전이 만들어졌습니다. 당시 국왕 제임스 2세가 국민의 뜻을 무시한 채 제멋대로 나라를 다스리자 국민들이 들고일어나 제임스 2세를 쫓아내고 다른 국왕을 추대했습니다. 그리고 국민의 권리와 자유를 선언하는 법률을 만들었습니다. 왕이 절대 권력을 휘두르던 역사에 종지부를 찍은 사건이었지요. 미국과 프랑스가 그 뒤를 이었습니다. 1776년 미국의 버지니아 권리장전, 1789년 프랑스의 인권선언으로 이어졌지요.

미국은 영국의 식민지로 지배를 받다가 독립 전쟁을 일으켰습니다. 영국의 왕과 귀족들이 미국에 사는 사람들을 지배하고 재산을 마음대로 가져다 쓰는 것에 저항한 것입니다. 미국의 주인은 미국에 사는 국민이라는 민주주의와 함께, 왕에게만 특별한 권리가 있는 것이 아니라 모든 인간은 태어날 때부터 누리는 권리가 있다고 선언한 것입니다. 프랑스는 그 무렵 영국과 경쟁 관계에 있었습니다. 프랑스 왕은 독립 전쟁을 일으킨 미국을 돕다 재정적으로 많은 낭비를 했습니다. 텅 빈 금고를 메우려 무리하게 세금을 거두려다 프랑스 국민의 저항을 불러왔지요. 프랑스 국민은 미국인들처럼 민주주의, 인권에 대한 생각을 함께하게 됩니다. 그래서 프랑스에서도 혁명이 일어나고 왕 대신 국민이 주인으로 나서게 됐지요.

어른으로 자라면서 부모 곁을 떠나 독립하는 것처럼 인류 전체의 독립은 그렇게 시작됐습니다. 이제는 전 세계 대부분의 사람들이 자연스럽게 생각하는 인권이란 이런 것들입니다. 인종이나 성별, 사회에서 가지는 지위에 상관없이 누구나 가지는 권리, 사람으로 태어났다는 것 자체만으로 가지는 것, 국가는 인권을 존중하고 보장해 주기 위해 존재하는 것이지 개인이 국가를 위해 존재하는 것이 아니라는 것 같은 것들입니다.

다만 너무 개인만 앞세우다 보면 지나친 경쟁으로 서로 너무 힘들어질 수 있기 때문에 공동의 이익도 함께 추구할 수 있어야 하겠지요. 무조건 자유롭게만 허락해 주는 것이 아니라 사회 전체를 위한 어느 정도의 한계는 있어야 할 테니까요. 예를 들어 자유라는 이름으로 다른 사람의 자유를 해치면 안 되니까요. '다른 사람의 코앞까지만 주먹을 휘두를 수 있는 자유', 법은 그런 식으로 인권과 자유의 경계를 설명하기도 한답니다.

헌법을 통한
인권 보장

헌법 제1장은 대한민국이라는 나라를 이루는 기본적인 원리에 대해 다루고, 제2장(제10조부터 제39조까지)은 국민의 권리와 의무에 대해 다룹니다.

제10조   모든 국민은 인간으로서의 존엄과 가치를 가지며, 행복을 추구할 권리를 가진다. 국가는 개인이 가지는 불가침의 기본적 인권을 확인하고 이를 보장할 의무를 진다.

제38조   모든 국민은 법률이 정하는 바에 의하여 납세의 의무를 진다.

헌법이 밝히는 인권을 기본권이라고 하지요. 인간이라면 누구나 태어날 때부터 갖는 게 인권인데 왜 굳이 법으로 만들어 놓았을까요? 헌법에 정해 놓았기 때문에 인권을 보장받을 수 있는 것으로 오해하면 안 됩니다. 국가의 3요소 중 하나가 국민이라고 했잖아요. 국가보다 앞선 게 국민이고, 어느 나라 국민인가를 따지기 이전에 사람이니까 가지고 있는 게 인권입니다. 헌법으로 만든 권리가 아니라 이미 있는 권리를 헌법으로 다시 한 번 확인해 주는 것이지요.

국가의 가장 큰 구조를 설명해 놓은 게 헌법이니까요. 혹시라도 국가가 잘못 운영돼 주인인 국민의 권리를 해치는 일이 있으면 안 된다고 법으로 정해 놓은 것입니다.

10조를 한번 볼까요? 기본권에 관한 헌법의 첫 구절은 '모든 국민은 인간으로서의 존엄과 가치를 가지며 ~'라고 되어 있습니다. 한 나라의 국민이기 이전에 인간이라는 것만으로 존중받아야 한다는 뜻입니다. 인간으로서 존중해야 한다는 것은 바로 기본권을 보장해야 하는 이유이지요.

모든 기본권이 여기서 나오므로, 기본권 보장의 목적인 셈입니다. 다른 기본권들은 그 목적을 달성하기 위한 수단이고요. 목적과 수단을 정해 주면서 '국가는 이를 보장할 의무를 진다.'라고 국가에 명령을 내립니다.

그럼, 수단이 되는 기본권에는 어떤 것들이 있는지 살펴봅시다. 제10조에서 맨 먼저 것이 나오는 것이 '행복을 추구할 권리를 가진다.'입니다. 행복 추구권이란 도대체 무엇일까요? 행복하라고 법을 정해 놓았다니 왠지 어색하기도 합니다. 사람마다 행복에 대한 기준이 다를 수 있잖아요. 누구는 가족과 즐거운 시간을 보낼 때 행복하다고 느끼지요. 유명한 스포츠 선수, 연예인이 되면 행복할 것이라고 생각하는 사람도 있고요. 돈을 많이 벌고 싶을 수도 있을 겁니다.

기본권의 시작을 행복 추구권이라고 한 이유는 이렇게 여러 가지일 수 있기 때문입니다. 기본권을 법으로 정하려고 보니 혹시 빠지는 것이 있을까 봐 걱정을 한 거지요. 그렇다고 국민 한 사람 한 사람에게 행복에 필요한 권리가 무엇이냐고 물어봐서 적을 수도 없잖아요. 그래서 맨 먼저 행복 추구권을 권리로 정해 놓았지요. 설령 헌법에 따로 명시적으로 문구를 만들지 않았더라도 여러 가지 권리가 나올 수 있다고 본 겁니다.

예를 들어 따뜻한 햇볕을 누릴 수 있는 일조권, 편안하게 잠을 잘 수 있는 수면권, 건강하고 쾌적한 생활을 할 수 있는 환경권 같은 것들을 생각해 볼 수 있습니다. 기본권에 관한 마지막 문장이 그런 원리를 확인해 줍니다.

제37조 1항 국민의 자유와 권리는 헌법에 열거되지 아니한 이유로 경
시되지 아니한다.

국민이 가진 권리를 함부로 한계 짓지 말라는 거지요. 꼭 법률로 만들어 놓지 않더라도 인간의 존엄과 가치를 지키는 데 필요한 자유와 권리라면 보장해 줘야 한다는 겁니다.

헌법에 구체적으로 정해 놓은 권리들은 어떤 것인지 봅시다. 크게 자유권, 평등권, 참정권, 사회권, 청구권 정도로 나눌 수 있습니다. 자유권은 다시 신체의 자유, 직업 선택의 자유, 사생활의 비밀과 자유, 양심의 자유 등으로 구체적으로 나눌 수 있고요(헌법 제12조, 제15조, 제17조, 제19조). 평등권의 내용으로 성별, 종교 또는 사회적 신분에 의하여 모든 영역에 있어서 차별받지 않는다고 정해 놓았습니다(헌법 제11조 제1항). 참정권에는 선거권, 공무 담임권, 국민 투표권이 있습니다(헌법 제24조, 제25조, 제72조). 사회권에는 교육을 받을 권리, 근로3권, 환경권 같은 것들이 들어갑니다(헌법 제31조, 제33조, 제35조). 국가 기관에 문서로 자신이 원하는 일을 요청할 수 있는 청원권(헌법 제26조), 공무원의 잘못으로 인한 피해를 국가에 청구할 수 있는 국가배상청구권(헌법 제29조) 같은 것들이 청구권입니다.

물론 나라의 주인으로서 권리를 갖는다는 것은 나라가 원활하게 움직일 수 있도록 의무도 부담한다는 의미입니다. 헌법은 국민의 의무를 정해 놓았습니다. 대한민국을 지키기 위한 국방의 의무, 운영하는 데 필요한 돈을 마련하기 위한 납세의 의무 등입니다(헌법 제38조, 제39조).

기본권의
제한과 충돌

국민이 각자 권리를 가지고 행동하다 보면 조금씩 양보를 해야 할 때도 있습니다. 법과 국가가 왜 만들어졌다고 했지요? 모두가 마음대로 하겠다고 하면 모두가 불편해지니까 함께 잘 살 수 있도록 약속을 한 거라고 했잖아요. 그 약속이 법이니까 기본권을 제한할 필요가 있을 때도 법으로 해야 합니다.

헌법은 국가 안전 보장, 질서 유지, 공공복리, 이 세 가지를 위해서 법으로 제한할 수 있다고 정해 놓았습니다. 우리가 살고 있는 대한민국이라는 울타리를 흔들어서는 안 되고, 그 안에서 여러 사람이 서로 부딪히는 일이 없어야 하고, 특정한 일부만이 아니라 더 많은 사람에게 도움이 될 수 있는 일이라면 양보해야 한다는 뜻이지요.

법은 국민의 대표인 국회 의원들이 일하는 국회에서 만드니까 결국 내가 나 스스로의 기본권을 어느 정도 제한하는 셈입니다. 가장 단적으로 드러나는 것이 질서 유지를 위한 형법입니다. 형법을 어기면 왜 벌을 받아야 할까요. 법은 도덕이나 종교와 다릅니다. 나쁜 짓을 한 사람에게 대개는 지옥으로 갈 거라든가, 하늘이 가만두지 않을 거라는 식으로 얘기를 하지요. 인간보다 우월한 절대적인 존재가 심판을 내릴 거라는 뜻입니다.

하지만 형법에서의 형벌은 위에서 아래로 이뤄지지 않습니다. 생명이나 신체에 관한 권리는 기본권 중에서도 가장 본질적인 것이지요. 국민이 자신의 재산을 가질 수 있는 재산권 역시 경제생활을 하는 데 필요한 가장 기본적인 권리입니다. 남의 몸을 다치게 하거나 남의 물건에 손을 대는 것은 그 사람의 기본권을 해치는 행동입니다. 남의 권리를 해치고 빼앗았으니 그에 맞는 대가를 치르거나 회복시켜 줘야 합니다.

옛날에는 자기가 저지른 일을 똑같이 당하도록 하기도 했습니다. 눈에는 눈, 이에는 이라는 식으로 말입니다. 하지만 그런 방법은 복수일 뿐이어서 잠깐 기분이 풀릴지는 모르지만 회복되는 것은 아무것도 없습니다. 마을이나 도시 공동체에서 함께 살 수 없도록 영원히 추방하기도 했습니다. 하지만 현대 사회에서는 그렇게 추방해 버리면 생명을 유지하는 일 자체가 어렵지요. 현대의 형법은 신체의 자유를 제한해 교도소에 가둬 두면서 국가가 시키는 일을 하도록 합니다. 벌금을 내게 하기도 하고요. 일정 시간 사회에서 격리시키는 것으로 침해된 기본권을 회복하고 질서를 되찾을 수 있는 시간을 갖자는 뜻입니다. 사회 전체에 끼친 손해에 대해 대가를 치르는 것입니다. 자발적으로 하기를 기대할 수 없으니까 강제력을 동원해야 합니다.

그런데 강제력을 가지고 있는 경찰과 법원은 국민이 내는 세금으로 운영하지요. 높은 사람이어서 죄를 지은 아랫사람을 벌주는 것이 아닙니다. 정해 놓은 약속에 따르는 겁니다. 죄를 지은 사람은 자기 손으로 수갑을 차는 거나 마찬가지이지요.

명색이 주인인 국민인데 거부할 수 있는 권리도 있는 것 아니냐고 반문할 수 있습니다. 우리는 혼자서는 결코 지금처럼 살 수 없지요. 식탁 위에 있는 밥과 반찬도, 쉴 수 있는 집도, 문밖을 나서서 걷는 길도, 공부를 하는 학교도 다른 사람들이 만든 거잖아요. 그런 것들이 잘 이뤄질 수 있도록 하는 게 국가입니다. 누릴 것은 다 누리면서 하기 싫은 것은 거부한다면 함께 살 수 없겠지요.

다만 헌법은 설령 법으로 제한하더라도 자유와 권리의 본질적인 내용을 침해할 수는 없다고 덧붙이고 있습니다. 국가에서 벌을 주는 과정에서도 고문이나 폭행은 절대 하지 못하도록 헌법에 못 박아 두었습니다(헌법 제12조). 인권을 가진 사람인데 그 몸을 다치게 만드는 것은 사람 자체, 인권 자체를 침해하는 것이니까요.

지금까지 본 것처럼 기본권은 국가와 국민 사이의 관계에 관한 것입니다. 그런데 때로 국민 사이에서도 기본권을 두고 다툼이 벌어지기도 합니다. 여러 가지 기본권이 있고 각자 국가를 상대로 다른 권리를 주장하다 보면 국민들끼리 부딪히는 일이 생기지요. 신문이나 방송은 언론의 자유를 주장할 수 있습니다. 언론에서 연예인에 대한 시시콜콜한 얘기들을 다루면 그 연예인은 사생활의 자유를 주장하며 맞설 수 있습니다. 회사를 운영하는 사람은 다소 공해가 생기더라도 돈을 벌기 위해 재산권을 주장합니다. 공장 주변 주민들은 맑은 공기를 보장해 달라고 국가에 요구할 수 있고요. 담배를 피우고 싶어 하는 사람이 있는가 하면 담배 연기가 너무 싫은 사람도 있습니다.

국민 각자는 국가에 대해 주장하고, 각자 기본권이 있는 것은 분명하지만, 국가가 양쪽 모두를 만족시킬 수는 없습니다. 이런 경우를 기본권의 충돌이라고 합니다. 어느 쪽의 손을 들어 줘야 할지 여러 가지 해결 방법을 만들어 두고, 기본적으로는 함께 살기 위해 최소한으로 제한을 합니다.

기본권과
학생 인권 조례

학생 역시 대한민국의 국민이고 그 이전에 인간이지요. 헌법이 보장하는 기본권을 가지고 있고 인간으로서의 존엄과 가치를 지니고 있습니다. 인권은 나이와 성별을 따지지 않습니다. 학생이라는 이유로 기본권을 더 제한할 수 있다는 근거는 헌법의 어느 구석을 찾아봐도 없습니다. 헌법에 의해 어른들과 똑같은 인격체로서 기본권을 보장받는 것이 당연합니다.

학생 인권 조례에 나오는 의사 표현의 자유, 양심의 자유, 소수 학생의 권리 보장과 같은 것들은 이미 헌법에 나오는 것들입니다. 설령 헌법에 적어 놓지 않았다고 할지라도 현대 사회에서는 기본적 인권으로 보장하는 것들입니다. 그러니까 없는 권리를 학생 인권 조례로 만들어 낸 것이 아니라 그와 같은 권리가 있다는 것을 다시 한 번 확인한 것입니다.

헌법은 대한민국의 큰 그림이고, 대한민국 안에 있는 모든 크고 작은 사회는 헌법의 원리에 따라 운영해야 합니다. 학생 인권 역시 질서 유지, 공공복리를 위해 제한될 수도 있겠지요. 민주처럼 공부하고 싶은데 교실을 어지럽히는 학생들 때문에 피해를 보는 일이 없어야 합니다.

하지만 그걸 막는 방법에 체벌이라는 폭력만 있는 것은 아닐 겁니다. 어른들의 사회도 예전에는 폭력이 많았습니다. 군인들이 총,

칼을 앞세워 국민들을 다스리려 했지요. 권력을 가진 사람들의 말을 듣지 않으면 사람들을 잡아가서 고문하고 폭행한 일도 있었습니다. 이제 그런 시대는 끝이 났습니다. 사람을 다치게 한 흉악범에게도 폭력을 사용하는 것을 금지하고 있습니다.

그런데도 학교에서 체벌을 허용해야 할까요? 기본권에 대한 최소한의 제한이라고 보기에는 너무 지나치지 않을까요? 헌법이 처음 만들어졌을 때 한동안 혼란의 연속이었다는 것을 알아봤지요. 학생 인권과 관련해서도 그런 성장통을 겪는 일일 수 있습니다. 질서 유지를 위해 지금까지와는 다른 방법을 써야 하는데 쉽사리 적응하지 못하는 선생님들이 있을 수도 있고요. 어떤 분들은 학생 인권 못지않게 교권도 중요하지 않으냐고 주장합니다. 마치 학생과 선생님 사이에 기본권의 충돌이 있는 것처럼 얘기합니다.

교육과 관련해 헌법은 '자주성', '전문성', '정치적 중립성'을 보장합니다. 대한민국의 미래를 담당하는 일이니까 전문성을 인정하고 존중해야 한다는 뜻이지요. 외부 세력이 이래라저래라 함부로 간섭하지 말아야 한다고 합니다.

그러나 그것은 학교 내부에서 어떤 방법으로 학생들을 지도할 것인지의 문제가 아닙니다. 학생들에게 강압적인 방법을 사용하는 것과 교권은 관련이 없습니다. 기본권의 충돌이 아니지요. 물론 야간 자율 학습 문제처럼 이상은 좋은데 현실이 오히려 더 불편함을 주는 일도 생깁니다. 이런 문제가 생기는 것은 학생들을 지나친 경쟁으로 몰아가는 사회 풍토 때문이지요. 좋은 대학에 가지 못하면 사회에서 불이익을 받는 것은 사실이고요. 그런 것들은 모두 어른들의 잘못된 문화 때문입니다. 학생 인권을 세우는 것만으로 고쳐질 일은 아니지요. 사회가 먼저 건강해지도록 노력해야 할 문제입니다.

자유와 평등을 가르는 기준은 무엇인가요?

4

잠깐,

뒤를 돌아보고,

우리에게 주어진
자유와 평등을
기억하세요.

인권이는 뉴스에서 무서운 얘기를 들었습니다. 장애인들이 외딴 섬 염전에 팔려가 몇 년 동안 강제로 일을 했다는 이야기입니다. 돈을 준다고 꾀어 데려갔는데 가둬 놓고 일만 시켰다고 했습니다. 말을 잘 듣지 않는다면서 때리고 욕설을 퍼붓기도 했다는 겁니다. 개밥이나 다름없는 음식을 주고 창고 같은 곳에서 쭈그려 자도록 했답니다. 여러 번 탈출을 하다 실패했는데 엄마에게 몰래 편지를 보내 경찰이 겨우 구출했다고 했습니다.

인권이는 대한민국에서 어떻게 이런 일이 벌어졌는지 너무나 무서웠습니다. 모든 국민은 자유권과 평등권이 있다고 들었는데 말뿐이었나 하는 생각이 들었습니다.

하긴 인권이 눈에도 세상이 불공평해 보일 때가 많습니다. 사람들은 태어날 때부터 저마다 제각각이잖아요. 똑같이 공부해도 어떤 친구는 성적이 훨씬 잘 나옵니다. 누가 봐도 키 크고 잘생긴 친구, 연예인처럼 예쁜 친구는 따로 있지요. 부모님이 부자라서 용돈을 펑펑 쓰며 친구들의 부러움을 사는 친구도 있습니다. 그런 친구들은 하고 싶은 것도 자기들 마음대로 마음껏 할 수 있잖아요. 자유라는 것도 그렇게 능력 있고 힘 있는 사람만 누리는 것이 아닐까 싶습니다. 처음부터 불공평하게 태어났는데 왜 평등하다고 말하는지 이해하기 어렵습니다.

자유와
간섭

이래라저래라 간섭받는 걸 좋아하는 사람은 별로 없을 거예요. 누구나 자기 하고 싶은 대로 하며 살고 싶어 하니까요. 물론 자유가 제멋대로 행동하는 것을 뜻하지는 않습니다. 어렸을 때를 생각해 보세요. 아이가 하고 싶은 대로 내버려 두었다가는 큰일이 나잖아요. 위험한 일이 닥치지 않도록 반드시 부모가 간섭해야 합니다. 어른이 된 이후에도 자유에는 한계가 있지요. 무엇보다 다른 사람의 권리를 침해하는 것까지 자유라고 부를 수는 없으니까요.

옛날에는 국가가 부모 역할을 했습니다. '군사부일체'라며 임금과 스승과 아버지를 똑같이 여기라고 했지요. 국가의 명령에 일방적으로 따라야 했고, 태어나기 전부터 정해진 신분에 따라 할 수 있는 일도 미리 정해져 있었습니다.

인류의 의식 수준이 높아지면서, 그러니까 어른이 되면서 더 이상 그렇게 할 필요가 없다는 것을 깨달았지요. 누구나 자신의 행동이 옳고 그름을 판단할 수 있고, 자신의 행동에 책임을 질 수 있다는 사실을 안 겁니다. 그래서 국가로부터 해방돼 자유를 찾았지요. 국가나 다른 사람에게 억압받거나 필요 이상 간섭받지 않도록 말입니다. 국가는 개인의 자유권을 최대한 보장하도록 했고요.

크게 자유권이라고 부르지만 여러 가지 단계로 나눠 볼 수 있습니다. 사람이 움직이는 과정을 따라가 볼까요? 먼저 자유롭게 생각을 할 수 있어야 하지요. 양심, 종교, 언론, 출판, 학문을 자유롭게 할 수 있는 사상의 자유가 있어야 합니다(제21조). 그런 생각에 따라 자기 몸을 자유롭게 움직일 수 있는 신체의 자유를 보장해 줘야 합니다(제12조). 다른 사람들과도 자유를 함께 나눌 수 있도록 사생활의 자유를 주지요(제17조). 다른 사람과 만나기 위해서 거주, 이전의 자유가 필요하고요(제14조). 자유롭기 위해서는 생활을 유지할 경제력도 반드시 필요합니다(제23조). 정해진 계급이 아니라 자기의 능력과 소질에 따라 직업을 선택할 수 있는 자유도 필요하지요(제15조). 더 나아가 국민의 자유와 권리는 헌법에 열거되지 아니한 이유로 경시되지 아니한다고까지 정하고 있습니다(제37조 제1항).

그런데 문제가 생겼습니다. 국가는 개인의 자유를 보장하기 시작했는데 막상 개인이 다른 개인의 자유를 억압하는 일이 생겼습니다. 사람은 자기 것을 중요하게 여기기 마련이잖아요. 사람마다 능력의 차이도 있고요. 국가가 간섭하지 않고 자유롭게만 보장해 주니 사람들 사이에 너무 큰 차이가 생긴 겁니다.

한 사람이 너무 많은 재산을 차지할 수도 있습니다. 일한 만큼 대가를 얻는 것은 당연하지만 일정한 정도를 넘어서면 국가 안에 그 사람만의 왕국이 생길 수도 있습니다. 사람은 반드시 음식을 먹어야 하는데 누군가 식료품을 모두 차지해 버렸다고 칩시다. 그다음에는 그 사람이 값을 마음대로 매길 수 있겠지요. 다른 사람들은 울며 겨자 먹기로 그 사람에게 음식을 비싸게 사야 하지요. 공장에서 물건을 만들다 보면 유해 물질이 나올 때가 있습니다. 공장을 운영하는 사람은 처리하는 비용이 아깝겠지요. 하지만 그걸 그냥 버리면 산과 들이 망가질 겁니다.

그래서 국가의 정당한 간섭이 필요한 부분도 있습니다. 자유라는 이름으로 무한 경쟁을 하는 것은 '만인 대 만인의 투쟁'이라는 국가 이전의 상태나 마찬가지니까요. 국가는 무한정 풀어만 주는 것이 아니라 자유와 정당한 간섭을 구별하고 꼭 필요한 일을 해야 합니다.

자유를 요구하기 위한
권리

공부하기 싫다는 정도는 배부른 소리로 들릴 수밖에 없는, 어릴 때부터 강제 노동에 시달려야 하는 나라가 아직도 있습니다. 일하는 대신 공부할 수 있는 것도 일종의 자유랍니다. 그런 자유를 얻기 위해 부모님이 열심히 일하는 거잖아요.

국가도 국민의 자유를 보장하기 위해서 여러 가지 일을 해야 합니다. 만약 도로가 없다면 거주, 이전의 자유를 가진다고 해도 쓸모가 없잖아요. 국민이 자유롭게 직업을 선택하려면 그 전에 일할 수 있는 직장이 있어야 하지요. 통신의 자유를 가진다고 하는데 통신비가 너무 비싸면 돈이 많은 사람만 자유롭고 그렇지 않은 사람은 자유가 없는 거잖아요.

이렇게 자유는 그냥 얻어지는 것이 아니에요. 무엇보다 먹고사는 데 최소한의 생활은 보장이 돼야 자유도 의미가 있습니다. 그래서 사회권이 등장합니다. 인간답게 살 권리가 바로 그 시작이고요. 자유를 누리기 위해서는 자신의 행동에 책임을 질 수 있어야 하잖아요. 나이만 먹는다고 되는 게 아니라 교육을 받아야 합니다. 교육을 받을 권리를 지켜 줘야 합니다. 국민은 사회 보장을 받을 권리가 있고, 국가는 그런 기본권을 지켜 주기 위해 노력해야 합니다.

국가는 국민으로 이뤄지고 모든 사람이 국가의 일을 할 수 없으니까 공무원을 뽑아 공무원에게 나랏일을 맡기지요. 어떤 사람들이 공무원을 하느냐에 따라 전체 국민이 얼마나 자유로울 수 있는지도 달라지겠지요. 누구를 공무원으로 뽑을지 투표할 수 있는 선거권, 직접 공무원이 될 수 있는 공무 담임권, 정말 중요한 일이라서 국민 전체의 뜻을 물어야 할 때 필요한 국민 투표권 같은 참정권이 있습니다.

일을 맡겼는데 혹시 일을 잘못하면 어떻게 해야 할까요? 국가나 다른 사람이 자기 권리를 침해하는 일이 벌어진다면 말이에요. 그런 일이 생겼을 때 문제를 해결하기 위해서 헌법은 재판을 청구할 권리, 특히 공무원이 잘못해 국민에게 손해를 입혔을 때 국민이 국가에 손해 배상을 청구할 권리, 다툼이 벌어지지 않았더라도 국민 생활에 필요한 일들을 해 달라고 요구할 수 있는 청원권을 보장하고 있습니다. 무엇인가를 요구할 수 있는 권리이므로 통틀어서 청구권이라고 하지요.

인간과 동물의
차이

인권이가 들은 무서운 얘기는 '세상에 어떻게 그런 일이 있을 수 있어?'라고 할 만한 일이지요. 그 사람들은 어떻게 다른 사람을, 그것도 장애인을 노예처럼 부릴 수 있었을까요. 개인의 자유권을 보장해 줘야 하는 국가는 무엇을 하고 있었을까요. 어떻게 그럴 수 있었는지 생각해 보기 위해 그렇게 하면 안 되는 이유는 무엇인지부터 생각해 볼까 합니다. 불쌍한 사람을 괴롭히면 안 된다는 도덕적이고 따뜻한 얘기 말고, '이기적인 사람'이기도 하다는 데서 출발해 봅시다.

다른 사람에게 돈을 주지 않고 일을 시키면 훨씬 많은 이익을 낼 수 있습니다. 그런데 그렇게 하면 왜 안 될까요? 결론부터 얘기하자면 그렇게 하는 것이 자기에게도 이익이 되지 않기 때문입니다.

인간이 어떻게 동물 중에서 가장 발달한 종이 되었을지 생각해 본 적 있나요? 사자나 호랑이 같은 맹수처럼 강하지도 않고, 소나 말처럼 힘이 세지도 않고, 사슴이나 타조처럼 빨리 달릴 수도 없는데도요. 박태환 선수도 돌고래랑 비교하면 아이 걸음마 수준이잖아요. 머리가 좋아서이기도 할 겁니다. 인간은 다른 동물들은 만들 수 없는 도구를 만들기도 합니다. 하지만 창칼을 손에 쥐여 준다고 혼자서 호랑이랑 맞서 싸울 수 있나요? 그것보다 더 중요한 것이 있습니다. 바로 협동입니다. 다른 사람과 협동할 수 있다는 것, 그것이 가장 큰 차이였지요.

협동한다는 것은 다른 사람을 믿는 것입니다. 동그랗게 둘러섰을 때 자기 앞으로 닥쳐오는 적과는 싸울 수 있지만, 등 뒤에서 해 오는 공격은 대처하기 힘듭니다. 그럴 때는 다른 사람이 막아 주리라고 믿어야 합니다. 그렇게 믿고 뭉쳤기 때문에 인류는 만물의 영장이 될 수 있었습니다. 아주 오래전 원시 시대부터 그런 경험들이 쌓였을 테고 일종의 불문율이 만들어진 것이겠지요. 내가 먼저 도와줘야 나중에 자신이 어려움에 처했을 때 도움을 받을 수 있을 것이라는 공통의 의식을 쌓았을 겁니다.

인류의 역사는 그런 협동과 도움이 당연한 바탕 위에 이루어졌습니다. 그런 상황에서 한 사람이 자기만을 위해서 행동한다면 그 사람은 사회에서 쫓겨났을 것입니다. 착해서만이 아니라 자기에게도 이익이 되는 아주 현실적인 이유 때문에 그렇게 해야 합니다.

지금도 아주 추운 극지방에서는 비슷한 일이 벌어진다고 합니다. 얼음으로 뒤덮인 길을 가다 차가 고장 나면 어떤 일이 벌어질까요? 몇 시간 버티기 어려울 겁니다. 그래서 지나가던 사람은 무조건 도와주는 게 불문율이라고 합니다. 설령 방금 싸운 원수 사이라도 일단 위기에서 빠져나올 수 있도록 돕는다는 겁니다. 그렇게 극한의 환경을 극복하는 겁니다.

공평한 기회와
실질적 평등

문제는 인간이 만물의 맨 꼭대기에 올라선 다음에 벌어졌습니다. 인간의 힘이 발전하면서 더 이상 바깥에서 적을 찾을 수 없게 되자 다음엔 인간들끼리 싸웠지요. 마치 이제는 서로 도울 필요가 없는 것처럼 착각하는 일이 벌어진 겁니다. 지배하는 소수의 사람과 지배를 받는 다수의 사람이 생겨났습니다. 같은 인간을 노예로 부리는 일이 오랫동안 이어졌습니다. 그리고 노예와 천민, 양반과 귀족이라는 계급의 차이가 당연한 문화로 인식되었고요.

　지금은 그런 '어두운 시대'가 끝났지만 아직도 우리 사회에 나쁜 문화가 남아 있습니다. '이렇게 해도 되겠지?' 하면서 머릿속에서 생각하고 허용하기에 남아 있는 것입니다. 우리 사회에 권위적이고 야만적인 문화가 남아 있기에 벌어진 일이지요. 그래서 자기보다 능력이 부족하거나 가진 것이 많지 않은 사람을 깔보는 사람이 여전히 있습니다.

하지만 지금도 인류가 만물의 영장으로 자랐던 원리는 그대로 통합니다. 누군가 공장이나 사업체를 운영하려면 다른 사람의 도움이 있어야만 합니다. 다른 사람들이 없으면 할 수 없습니다. 더 많은 돈을 벌기 위해 일하는 사람들에게 돈을 조금 주면 어떻게 될까요? 그 공장에서 만든 물건은 누군가에게 팔아야 하는 것이잖아요. 월급을 적게 주다 보면 결국 자기가 만든 물건을 살 수 있는 사람들이 줄어드는 겁니다.

인간은 여전히 서로 협동하지 않으면 안 됩니다. 사람의 몸에 피가 돌아, 숨을 쉬면 몸속 곳곳에 공기를 전달해 주는 것처럼 순환이 필요합니다. 여러분 주위를 둘러봐도 혼자서는, 가족들만으로는 할 수 없는 일들이 얼마나 많은지 금방 알 수 있을 겁니다. 옛전에서 장애인을 학대했던 사람들은 그런 원리를 몰랐던 겁니다. 당장 눈앞의 이익만을 좇느라 자기가 무엇을 잃는지 몰랐습니다. 힘없고 약해 보이는 그 사람들이 바로 자기 자신의 다른 모습일 수도 있는데 말입니다.

이런 생각도 해 볼 수 있습니다. 사람들이 태어나기 전에 모두 모여 어떤 세상에서 살고 싶은지 정하는 겁니다. 그 대신 어떤 사람으로 태어날지는 모르는 겁니다. 돈을 가질 수도 명예를 가질 수도 있지만, 반대로 가난하고 힘없는 사람으로 태어날 수도 있습니다. 그렇다면 자연스럽게 모든 사람이 다 함께 행복할 수 있는 나라를 만들자고 하지 않을까요? 어느 방송 프로그램에서 하는 것처럼 '복불복 게임'을 해서 운 좋은 사람만 맛있는 걸 먹을 수 있게 하지는 않을 거예요. 그랬다가 자기만 까나리 액젓을 먹고 살면 어떡해요?

그래서 헌법은 자유와 함께 평등을 기본권으로 보장하고 있습니다. 모든 국민은 성별이나 종교, 사회적 지위 같은 것들을 이유로 차별을 받아서는 안 된다고 말이에요. 자유권, 평등권은 사실 동전의 양면이나 마찬가지입니다. 개인의 자유를 너무 강조하면 능력에 따라 심한 차이가 발생할 수밖에 없습니다. 그렇다고 무조건 똑같다고 하다가는 각자가 가진 능력을 최대한 발휘하도록 해야 한다는 정신과 어긋나지요.

평등권은 남들과 똑같이 기회를 가질 수 있다는 것을 뜻합니다. 누구나 차별 없는 공평한 기회를 보장받아야 한다는 뜻이지요. 그 말은 개인의 능력에 따른 차이를 인정하는 것입니다. 같은 기회를 주되 열심히 노력하는 사람은 그렇지 않은 사람보다 더 많은 대가를 받는 게 자연스러우니까요. 누구나 절대적으로 같다는 뜻이 아니라 노력에 따른 차이를 인정하는 상대적 평등이지요.

그런데 그것만으로는 부족한 부분이 있습니다. 같은 기회를 주는 것만으로는 극복할 수 없는 차이가 있기 때문이지요. 힘만 놓고 따지면 여성이 남성에 비해 약합니다. 여성에게도 똑같은 기회를 주는 것이라면서 똑같이 힘든 일을 시킨다면 그걸 평등하다고 할 수 있을까요? 인간은 동물과 달리 여러 가지 면에서 사람마다 다른 능력을 가지고 있잖아요. 여성은 남성보다 힘은 약할지 모르지만(물론 여기

에도 개인의 차이가 있습니다.) 다른 분야에서는 남성보다 훨씬 뛰어나기도 합니다. 장애인과 비장애인의 경우도 마찬가지입니다.

우주의 탄생과 역사에 대한 세계적인 물리학자 스티븐 호킹을 떠올려 보세요. 스물한 살 때부터 휠체어 생활을 했습니다. 장애가 있는 호킹에게 남들과 똑같은 책상에서 똑같이 생활하며 공부하라고 했다면 그게 공평한 것일까요? 그분이 인류 전체를 위해 그렇게 커다란 공적을 세울 수 있었을까요?

그래서 평등권은 형식적으로 동일한 기회를 주는 데 그치는 것이 아닙니다. 타고난 장애로 혹은 경제력 때문에 자신의 능력을 발휘하지 못하는 일이 없도록 국가가 그런 사람들을 더욱 배려하는 게 실질적으로 평등한 거지요. 교육의 기회를 주고, 기술을 배울 수 있도록 해 주고, 몸이 불편한 사람도 자유롭게 생활할 수 있도록 해 주는 거지요.

동등한 기회를 만들어 준 다음에 노력에 따른 차이도 인정해야 합니다. 그렇게 하는 것이 그들뿐 아니라 우리 전체가 더욱 잘 살 수 있는 길입니다. 진정한 평등권의 구현은 누구 한두 사람이 나서서 하기 어렵기 때문에 국민이 가진 기본권으로서 국가가 보장해 주어야 하지요.

무한 경쟁의
시대

헌법의 기본권이 이렇게 이루어졌지만 현실은 그렇지 않은 것처럼 보일 때가 많지요. 학생들은 새벽부터 밤늦게까지 공부에 매달려야 합니다. 부모님들도 사정이 마찬가지라서 맞벌이를 하는 집에서는 부모와 아이들이 얼굴 맞댈 시간조차 부족합니다. 그래서 무한 경쟁의 시대라는 말을 쓰기도 합니다.

그런데 무한 경쟁이라는 말은 참 무서운 말입니다. 인간이 자연을 극복했다고 하지만 결코 자연에서 벗어날 수 없는 존재라는 것을 잊은 모양입니다. 아무리 문명을 발전시키고 과학 기술이 발전해도 인간은 자연의 일부일 수밖에 없습니다. 태어나서 죽을 때까지 나이에 맞게 몸과 마음이 변해 갈 수밖에 없고요. 때에 맞게 해야 할 일이 다르기도 합니다. 사람 몸속에서뿐만 아니라 사회 전체에서도 돌고 도는 순환이 일어나야 합니다. 그런데 언제까지고 경쟁만 한다는 것은 맞지 않는 일이지요.

자유권을 가지고 기회를 균등하게 보장받으면서 자신의 능력을 열심히 발휘해야 하지만 언제까지 개발과 경쟁만 할 수는 없겠지요. 자기 몫의 할 일을 한 이후에는 미래의 세대를 키우고 나이가 들면

휴식도 취할 수 있어야 합니다. 살면서 쌓은 지혜를 자녀들에게 전해 주며 스스로를 정리할 수도 있어야 하지요.

열매를 맺지 않은 채 나무가 끝도 없이 자라기만 한다고 생각해 보세요. 꽃을 피워 열매를 맺지 않고 벼가 계속 파랗게 자라기만 하면 어떨까요? 봄, 여름, 가을, 겨울 없이 끝없이 덥거나 추운 날만 계속되면 어떨까요? 무한 경쟁이란 휴식도 없이 달리기를 하는 것과 마찬가지예요. 지쳐서 더 이상 뛰지 못하는 사람들을 돌아보지도 않는 것입니다. 그 결과는 우리 전체가 힘들고 불행해질 것입니다.

어른들이 사회를 그렇게 끌고 가니까 학생들도 덩달아 주위를 돌아보지 않게 됩니다. 왕따 같은 문제도 그래서 생겨납니다. 여러분도 이런 문제들을 함께 바꿔 나가야 해요. 얼마 지나지 않아 국민으로서의 권리와 의무를 갖게 됩니다. 어떤 사람이 헌법의 정신을 잘 실현시켜 나갈지 선거권을 잘 행사하세요. 직접 국가를 만드는 일을 하고 싶으면 공무 담임권과 참정권을 행사하면 됩니다. 헌법은 우리의 현실을 반영하면서 동시에 더 나은 길로 나아갈 방향을 제시해 줍니다.

법은
돈을 벌고
또
나누라고 한다

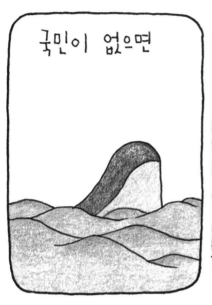

5

국민이 없으면

경제도 기업도 없습니다.

그래서

경제민주화라는 말이 만들어진 겁니다.

경제민주화가
되어야

국민 전체가 고루
잘 살게 될 수 있고,

기업도 오래도록
사업을 잘할 수 있고,

국가도 건강해질 수
있습니다.

세월호! 대한민국을 먹먹하게 만든 일입니다. 수많은 영혼을 차가운 바닷물이 삼켜 버렸습니다. 그러나 바다를 탓할 수가 없었지요. 사람들의 잘못으로 벌어진 일이니까요. 가뜩이나 낡은 배였는데 승객을 더 많이 태우고 무거운 짐을 싣기 위해 무리하게 개조까지 했습니다. 급하게 움직이면서 제대로 묶어 놓지 않은 짐들이 한쪽으로 쏠렸고 거짓말처럼 배가 넘어졌습니다. 그렇게 큰 배를, 그렇게 많은 생명을 실은 배를 제대로 안전관리를 하지 않았던 겁니다.

해운 회사가 많은 돈을 벌기 위해 무리한 욕심을 부렸지요. 국가는 그걸 막지 않았고 오히려 수학여행을 가는 학생들까지 태우게 내버려 뒀습니다. 사고가 일어난 뒤 벌어진 일도 눈물겹습니다. 선장과 선원들은 위험에 빠진 승객들을 구하지 않았고 자기들만 도망치기 바빴지요. 그 사람들은 안전에 관한 교육도 제대로 받은 적이 없었습니다. 배를 잘 모르는 임시직 선원들이 있었던 것도 문제 중 하나였습니다. 모든 게 회사가 돈을 아끼기 위해 저지른 일이었지요. 세월호를 둘러싼 너무나 많은 아픈 얘기들이 있지만 그중 원인에 관해서 꼽으라면 첫째가 탐욕일 것입니다. 돈과 생명을 바꾼 것이지요.

정당한
욕심

사람은 누구나 욕심을 부립니다. 그리고 욕심이라는 게 딱히 나쁜 것만은 아니에요. 무엇 때문에 공부를 열심히 하고, 몸을 건강하게 하고, 남들과 다른 재능을 키울까요? 조금이라도 더 나은 삶을 살고 싶어서잖아요. 인류 전체가 욕심을 부려서 오늘처럼 문명을 이루며 살아갑니다. 그렇지 않았더라면 지금도 동굴에서 모닥불을 피워 살겠지요. 하루하루 먹을 것을 찾아 헤매면서 말이에요.

그런데 그 과정을 살펴보면 동물과 인간 사이에서 또 다른 큰 차이를 찾을 수 있습니다. 앞에서 인간과 동물의 차이를 서로 협동할 줄 아느냐 하는 것이라고 했잖아요. 사람은 지금 함께 있는 사람들뿐만 아니라 과거와 미래의 사람들과도 협동할 줄 알았어요. 바로 정보를 나누는 일을 통해서요.

라스코, 알타미라 같은 곳에서 발견된 동굴 벽화들은 빙하기 무렵에 그린 것입니다. 수만 년 전의 원시인들이 들소, 말, 사슴 같은 동물들을 그리고 사냥이 잘되도록 기원했습니다. 같은 시대에 여러 명이 모여 협동했고, 그렇게 벽에 그린 그림은 정보로서 후손들에게 전달이 됐지요. 후손들이 잘되기를 바라는 좋은 욕심 덕분이지요. 사람은 태어날 때 세상에 대해 좀처럼 아는 것이 없습니다. 그래서 어른들이 맨 먼저 가르치는 것이 말입니다. 그래야 어른들이 알고 있는 정보를 나눌 수 있으니까요. 아는 것을 말로 가르치는 것을 넘어서 더 많은 아이들과 후손들을 가르칠 수 있었던 것은 동굴 벽화와 같은 정보 전달의 도구 덕분입니다.

말을 글로 바꾸어 전달하면서 인류 전체가 나눌 수 있는 정보들은 점점 커져 갔지요. 할아버지가 평생에 걸쳐 힘겹게 알아낸 정보를 손자는 책에서 쉽게 배울 수 있게 된 겁니다. 오늘날 스마트폰으로 쉽게 찾을 수 있는 모든 정보는 처음엔 그렇게 전해 왔습니다. 라스코, 알타미라의 동굴에서부터 쌓기 시작한 정보들로 인류 전체가 거대한 뇌를 갖게 된 겁니다. 그 뇌에서부터 오늘날 우리가 하는 여러 가지 일들이 나오지요. 그렇게 세상이 복잡해지다 보니 혼자서 할 수 있는 일이 점점 줄어들어 갔습니다. 서로에게 의존해야 하는 일이 점점 많아졌지요. 지금 우리가 누리는 것들은 혼자서는 아예 불가능하다고 봐도 거짓말이 아닙니다. 스마트폰을 생각해 보세요. 이 세상 그 누구도 혼자서 스마트폰을 만들 수 있는 사람은 없을 겁니다. 애플의 창시자로서 스마트폰의 선구자였던 스티브 잡스가 살아 돌아온다고 해도 처음부터 끝까지 한 대를 혼자 만들 수는 없습니다. 사냥을 하는 창과 활, 농사짓는 호미와 삽을 만들 수 있는 것과는 차원이 완전히 다르지요.

경제 규모가 커지고 복잡해지면서 자급자족을 하는 경우는 극히 드뭅니다. 사람들이 각자 만들어 낼 수 있는 물건과 제공할 수 있는 서비스가 달라지면서 그것들을 어떻게 주고받을지 정할 필요가 생겼습니다. 당장 여러분을 보세요. 입은 옷, 읽는 책, 먹는 음식까지 누리는 물건이나 서비스들이 한두 가지가 아니잖아요. 그런 것들을 누가 얼마나 만들고 얼마나 값어치가 있다고 해야 할지 판단하는 게 보통 문제가 아닙니다. 스마트폰 데이터 요금은 어떻게 정해지는지 생각해 본 적 있나요? 그런 걸 해결하는 방법을 바로 경제 체제라고 합니다.

자유 시장
경제 체제

경제의 역사는 민주주의의 역사와 나란한 길을 걸어왔습니다. 왕이 다스리던 시대에는 왕이 온 나라의 주인이었습니다. 어떤 물건을 만들지 누가 얼마나 가질지 왕을 중심으로 결정했지요. 그러다 보니 인류의 발전 속도는 무척 느렸습니다. 욕심을 부릴 수 있는 사람이 많지 않았으니까요. 노예로 태어난 사람은 아무리 열심히 일을 해도 겨우 먹고살 만큼만 가졌습니다. 물건을 아무리 잘 만들어 많이 팔면 뭐하겠어요. 왕이나 신분이 높은 사람들이 세금으로 몽땅 뺏어 가는데요. 국민 한 사람 한 사람이 나라의 주인이 되고, 노력한 만큼 대가를 가질 수 있게 되면서 사람들은 비로소 욕심을 부릴 수 있게 되었지요. 그래서 민주주의와 근대의 경제 체제는 함께 출발한 것입니다.

그러면서 몇 가지 원칙이 만들어졌지요. 개인의 재산은 국가도 함부로 손댈 수 없는 소유권 절대의 원칙, 누구와 얼마에 어떤 물건을 주고받을지 개인들끼리 정할 수 있는 계약 자유의 원칙, 그런 일들을 하는 가운데 실수로 다른 사람에게 손해를 끼치면 그만큼 자신의 재산으로 메워 줘야 한다는 과실 책임의 원칙 같은 것들입니다. 어떤 일을 할지 직업을 선택하는 것도 자유롭게 됐지요.

이러한 원칙들을 적용하는 곳이 바로 시장입니다. 저마다의 물건과 서비스를 시장에 내놓고 원하는 사람들에게 제공하지요. 꼭 필요하거나 귀한 것들은 그만큼 높은 가치를 인정받을 수 있지요. 가격은 수요와 공급에 따라 시장에서 자동으로 결정됩니다. 노력 여하에 따라 큰 대가를 얻을 수 있게 된 덕택에 인류는 빠른 속도로 발전한 겁니다. TV에서 본 사극을 떠올려 보세요. 고려 시대, 조선 시대를 봐도 사람들 사는 모습은 별로 다르지 않잖아요. 1천 년이 지나는 동안 말입니다. 그런데 70년대, 80년대를 배경으로 한 드라마는 어떻던가요? 오늘날의 모습과 너무 다르잖아요. 불과 몇십 년 사이의 변화가 몇천 년 동안 이뤄진 발전보다 훨씬 큰 겁니다. 개인이 자유롭게 창의적으로 경제 활동을 할 수 있게 된 결과입니다.

헌법 제23조 1항은 "모든 국민의 재산권은 보장된다."라고 하고 제119조 1항은 "대한민국의 경제 질서는 개인과 기업의 경제상의 자유와 창의를 존중함을 기본으로 한다."라고 명시하고 있습니다. 우리나라는 사유 재산을 보장하면서 자유 시장 경제 체제를 선언하고 있지요.

다른 경제 체제를 선택한 나라도 있습니다. 국가가 무엇을, 어떻게, 얼마나 만들어서 사람들에게 나눠 주고 쓰도록 할지 정하는 나라지요. 계획 경제 체제라고 합니다. 왕이 다스리던 때와 비슷해 보이지만 애초의 생각은 달랐습니다. 왕이 주인이 아니라 국민 전체가 주인이고, 모두가 함께 만들어서 공평하게 나눠 가진다는 생각이지요.

그럴듯해 보이지만 사람의 욕심에 대해 잘 몰랐습니다. 국가의 규모가 있기 때문에 모든 사람이 나설 수는 없잖아요? 누군가는 앞장서 무엇을 만들고 얼마나 나눠 가질지 결정해야 하잖아요. 권력을 가진 사람이 혼자서 욕심을 부리기 시작하면 다른 사람들은 공평하게 가질 수 없게 됩니다. 사실상 왕이 다스리던 때로 돌아가는 것이나 마찬가지 일이 생겨났습니다. 북한을 보면 딱 그렇잖아요. 또 한 사람마다 하고 싶은 일, 먹고 싶은 것이 다를 수밖에 없는데 그걸 생각 못 한 거지요. 남이 시키는 대로 하면 아무래도 욕심을 덜 부리고 노력도 덜 하게 되고요. 결국 다른 나라들에 비해 점점 뒤처지고 국민들도 가난해져 버렸습니다. 오늘날에는 완전한 계획 경제 체제를 채택하는 나라는 사실상 없다고 봐야 합니다.

사유 재산제, 시장 경제 체제의 한계

개인의 재산을 보호해 주고 자유롭게 이익을 추구할 수 있는 자유 시장 경제 체제라고 문제가 없는 것은 아닙니다. 우선 개인이 혼자 가지도록 허락하기 어려운 부분들이 있습니다. 산과 바다처럼 모든 국민이 다 함께 누리는 것이 바람직한 자연이 있습니다. 들판을 흐르는 강물도 어느 누가 마음대로 물줄기를 이용할 수 있게 하면 곤란한 일이 생길 겁니다. 처음에는 그렇지 않았는데 나중에 바뀔 수도 있습니다. 많은 사람이 편리하게 이용할 수 있도록 새로 길을 뚫거나 넓혀야 할 경우도 있습니다. 그럴 때는 개인이 사용하는 땅이라도 국가가 이용할 수 있도록 해야겠지요. 물론 정당한 대가를 치르고 말입니다. 그렇게 사유 재산 제도에도 한계가 있습니다. 그런 한계는 국민의 대표가 만드는 법률에 따르도록 하고 있습니다.

한편 시장에 맡겨서는 좀처럼 해결이 안 되는 문제가 있습니다. 많은 사람이 살지 않는 외딴곳들이 있습니다. 섬일 수도 있고 깊은 산속일 수도 있습니다. 몇 사람 살지 않는 곳에 전기나 수도를 공급하면 좀처럼 수익이 나지 않습니다. 시장에 맡겨 놓으면 그 사람들은 아주 비싼 값을 치르지 않으면 안 될 겁니다. 그렇더라도 소수일 뿐이니 그 사람들이 참아야 한다고 하면 국가가 존재해야 할 이유가 없겠지요.

그런 경우가 아니더라도 누구라도 소수의 입장에 놓일 수 있습니다. 그때마다 희생하라고 한다면 어느 누가 국가를 사랑하고 그 나라에서 살고 싶겠습니까. 최소한 생활에 꼭 필요한 것들만큼은 국가가 책임져 주어야 하지요. 그래서 국가가 직접 나서서 회사를 운영하기도 합니다. '공사'라는 이름이 붙는 회사들이 대표적입니다. 때로는 손해를 보는 경우도 있지만 넓게 봐서 국민 전체에 이익이 되도록 하지요.

국가가 직접 운영하지는 않더라도 개인들에게 일정한 이익을 보장해 주고 그 대신 공익에도 신경 쓰도록 하는 경우도 있습니다. 버스처럼 많은 사람들이 이용하는 교통수단을 예로 들 수 있습니다. 시장 원리에 따라 손님을 많이 태울 수 있는 노선만 운영했다가는 불편을 겪는 사람들이 늘어날 겁니다. 그런 곳에서만 지나친 경쟁이 일어나서 망하는 버스 회사가 생길 수도 있고요. 이럴 때는 보조금을 준다거나 일정한 지역은 특정 버스 회사만 다닐 수 있게 해서 이익을 보장해 주는 방법을 씁니다.

민영화라는 말을 들어 봤을 거예요. 공익을 위해서 국가가 운영하는 회사들은 누구 돈으로 만들었을까요? 국민의 세금으로 만듭니다. 아무리 국민 전체를 위한다고 하더라도 너무 큰 손해가 나면 국민의 부담으로 돌아갈 수밖에 없습니다. 그래서 적극적으로 이익을 추구할 수 있게 개인이 운영하는 회사로 바꾸자는 거지요. 물론 그런 민영화는 굉장히 조심해야 합니다. 완전히 시장 원리로 돌아가면 그동안 혜택을 받던 많은 국민이 그 혜택을 잃게 되니까요.

피치 못할 사정이 생겨서 민영화를 고려해야 할 때는 전체를 개인이 운영하도록 할지 아니면 일부만 바꿀지 고민에 고민을 거듭해야 합니다. 그래야 섣부른 판단으로 국민에게 큰 피해를 주지 않을 수 있습니다. 함부로 민영화를 하는 것은 국가로서 국민의 기본권을 보호한다는 의무를 저버리는 것입니다. 버스, 지하철 같은 대중 교통을 아무런 간섭 없이 마음대로 가격을 매길 수 있게 해 보세요. 돈이 많지 않으면 마음대로 이동할 수 없게 되지요. 그렇게 되면, 헌법이 정해 놓은 '원하는 곳에 살 수 있고 움직일 수 있다'는 거주 이전의 자유는 의미가 없어집니다. 공부하고 일하러 다니는 데 교통비로 비싼 돈을 내야 하면 가난한 사람들은 더 가난해질 겁니다. 대중교통 회사를 운영하는 사람은 짧은 시간에 돈을 많이 벌어 좋을지 모르지만 국민 전체는 불행해지고 결국은 나라 자체도 가난해질 수 있습니다.

비행기, 고속 철도 같은 다양한 교통수단들이 늘면서 세월호 같은 여객선은 옛날만큼 중요한 교통수단이 아닙니다. 섬에 사는 사람이 많이 줄어들어서 여객선으로 돈을 벌기 어려워졌지요. 이럴 경우 국가가 역할을 해 줘야 합니다. 그래서 국가는 세월호를 운항하는 해운 회사에 제주도를 오갈 수 있는 독점권을 주었습니다. 국가가 어느 정도 이익을 낼 수 있도록 보장해 준 거지요. 하지만 거기서 그쳐서는 안 됩니다. 많은 사람을 태우는 만큼 안전에 대해 철저하게 감독을 해야 하지요. 그런데도 낡은 배에 무리해서 짐과 사람을 태울 수 있도록 방치했습니다. 회사를 그렇게 운영한 사람들의 탐욕이 세월호 사건의 가장 큰 원인이지만, 국가 역시 그런 일이 벌어지지 않도록 막지 못한 책임이 있습니다.

헌법이 정한
경제 민주화

헌법은 경제 민주화를 위해 국가가 경제에 관한 규제와 조정을 할
수 있다고 합니다.

> 제119조 2항 국가는 균형 있는 국민경제의 성장 및 안정과 적정한 소득
> 의 분배를 유지하고, 시장의 지배와 경제력의 남용을 방지
> 하며, 경제주체간의 조화를 통한 경제의 민주화를 위하여
> 경제에 관한 규제와 조정을 할 수 있다.

개인들 사이의 경제 활동을 국가가 간섭하겠다는 뜻이지요. 사유
재산을 보장해 주고 기업은 자유롭고 창의적으로 활동하도록 해
주는 게 자유 경제 체제인데 어째서 간섭을 한다고 할까요? 무엇보
다 세월호 사건 같은 일이 벌어지지 않도록 해야 한다는 뜻이지요.
　기업은 사장부터 직원까지 많은 사람이 함께 일을 합니다. 사장

은 돈을 많이 벌고 싶어서 욕심을 부리기 마련이지요. 당장 눈에 보이는 이익을 좇기 십상입니다. 안전을 위해서는 배를 튼튼하게 유지해야 하고 짐이나 승객도 조금 덜 실어야겠지요. 하지만 그렇게 하면 당장은 손해라는 생각을 할 수 있지요. 요즘 기술이 얼마나 좋은데 이렇게 큰 배가 침몰할까 하는 의심을 하겠지요. 배를 잘 아는 사람들이 위험하다고 해도 귀에 들리지 않았을 겁니다.

결국 무슨 일이 벌어졌나요? 수많은 생명을 잃었지요. 회사는 어떻게 됐나요? 세월호를 실질적으로 운영했던 사람은 수사 기관에 쫓겨 도망 다니다 결국 싸늘한 주검으로 발견됐습니다. 회사는 망해 문을 닫았고 직원들은 일자리를 잃었습니다. 결국 누구 하나에게도 이익이 되지 않았습니다. 국가와 국민 모두에게 이익이 될 수 있도록 회사를 운영하는 일이 쉽지는 않습니다. 눈앞에 보이는 돈을 좇기 쉬워서 불행한 일이 벌어지지요.

특정 기업이 수익을 낸답시고 우리 모두가 누려야 할 환경을 파괴할 수도 있습니다. 직원들에게 너무 힘든 일을 시키면서 제대로 대가를 주지 않을 수도 있습니다. 기업끼리도 자기네가 힘이 더 세다는 이유로 불공정한 거래를 강요할 수도 있습니다. 기업의 활동은 소비자들을 대상으로 하니까 많은 사람에게 영향을 줍니다. 그런데 그런 소비자 가운데 한 사람과 덩치 큰 기업 사이에 다툼이 벌어지면 소비자는 힘없이 당할 수도 있습니다. 소비자가 있어야 기업이 있는데도 말입니다. 그런 일들이 벌어지지 않도록 국가가 간섭할 수 있어야 합니다.

경제와 민주라는 단어는 함께 놓으면 언뜻 어색해 보입니다. 민주는 국민이 주인이라는 것인데, 경제는 개인이나 기업이 주인으로 활동하는 것이니까요. 하지만 기업은 어느 땅에서 누구를 대상으로 활동하는지 생각해야 합니다. 국가가 만들어 놓은 도로와 통신을 이용하지 않고 사업을 할 수 있을까요? 국민이 없으면 경제도 기업도 없습니다. 독재자들이 국민을 마음대로 조종할 수 있다고 착각하는 일이 벌어졌던 것처럼, 돈을 많이 벌어 힘이 세진 기업은 국가나 국민을 마음대로 조종할 수 있다고 생각할 수 있습니다. 그런 일은 일어나면 안 되지요. 그래서 경제 민주화라는 말이 만들어졌습니다. 그래야 국민 전체가 고루 잘살게 될 수 있고, 기업도 오래도록 사업을 잘 할 수 있고, 국가도 건강해질 수 있기 때문입니다.

민주화는 국가의 권력이 국민으로부터 나온다는 말입니다. 독재 정치가 아니라 국민의 손으로 뽑은 대통령, 국회 의원이 중심이 돼 나라 살림을 하는 것입니다. 물론 기업의 주인까지 국민이 정하자는 것은 아닙니다. 하지만 국가의 주인이 국민이고, 국가에서 경제 활동을 한다는 걸 생각해 보면 기업에 대한 정부의 관리 감독은 당연한 몫이라는 걸 알 수 있습니다. 그래야 대한민국호가 가라앉지 않고 오래도록 역사를 항해할 수 있을 겁니다.

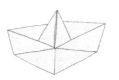

악법은
법이
아니다

6

지금의 헌법은
1987년에 만들어졌습니다.

소크라테스는 참 억울할 겁니다. 자기가 하지도 않은 말을 했다고 하니까요. 게다가 그 말이란 것이 자신의 신념과 정반대로 쓰이니까요. "악법도 법이다." 이 말을 들어 본 적이 있지요? "소크라테스는 억울한 재판을 받고 사형을 선고 받았지만 그래도 법이니까 따라야 한다면서 죽었다."라는 일화 말이에요. 하지만 살아생전 소크라테스의 말을 적어 놓은 어떤 책에도 그런 식으로 쓰여 있지는 않습니다. 비슷한 일이 있었던 것은 맞지만 중요한 부분에서 결정적인 차이가 있습니다. 그냥 생각해 봐도 이상하지 않은가요? 아무리 억울해도 법에서 그렇게 하라고 하면 따르라는 건데, 설마 그리스 철학의 아버지라고 부를 만큼 생각이 깊은 소크라테스가 그런 말을 했을까요?

사실은 이렇습니다. 소크라테스가 재판을 받은 것은 제자들이 나쁜 행동을 했다는 이유 때문이었습니다. 소크라테스가 잘못된 사상을 가르쳤기 때문에 제자들이 그리스에 혼란을 가져왔다고 했습니다. 소크라테스는 법정에서 자신의 억울함을 설명했지만 사람들은 이해하지 못했습니다. 소크라테스에게 유죄를 인정한다면 벌금형으로 재판을 끝내 주겠다고 말했지요. 하지만 소크라테스는 그렇게 타협하는 것은 정의롭지 않다고 생각했습니다. 잘못된 재판을 인정하느니 차라리 죽음을 택하겠다고 했습니다. 이미 살 만큼 살아서 죽음에 가까운 나이이므로 죽음이 두려울 것도 없다고요. 그래서 독배를 받았고 도망칠 수 있었는데도 죽음으로 불의에 저항했

습니다. 잘못된 재판을 한 것 때문에 그리스 사람들이 후대에 비난을 받을 것을 걱정하기도 했지요. 소크라테스는 잘못된 법이라도 무조건 따르라고 가르친 것이 아니었습니다.

소크라테스가 진짜로 즐겨 쓴 말은 너 자신을 알라였지요. 우리가 아무것도 모르고 있다는 사실을 깨닫는 데서 참다운 지식을 얻을 수 있다고 했습니다. 소크라테스는 거리를 다니며 사람들과 토론하기를 즐겼습니다. 옳고 그름이 무엇인지에 대해 묻고 따졌지요. 무조건 고개부터 끄덕일 것이 아니라 왜 그런 것인지 질문부터 하라고 가르쳤지요. 그런 소크라테스를 못마땅하게 여긴 사람들이 있었습니다. 소크라테스가 모든 것의 근본을 파고들면서 기존 사회의 권위와 전통에 대해서 의문을 제기했으니까요. 결국 소크라테스는 전통을 인정하지 않고 젊은이들을 타락시킨다는 모함을 받아 재판을 받았습니다. 무조건 따르지 않고 자꾸만 질문을 던졌기 때문에 밉보였던 것이지요. 그러니까 악법도 법이라는 말은 소크라테스와 가장 어울리지 않는 말입니다.

실질적
법치주의

사실 법이라면 일단 고개부터 끄덕이고 따라야 한다고 가르치던 때도 있었습니다. 그러면서 악법도 법이라는 말을 마치 위대한 철학자의 입에서 나온 것처럼 써먹은 것입니다. 독재를 했던 권력자들이 그렇게 하도록 했지요.

태어날 때부터 정해진 계급에 따라서 살아야 하는 시대는 끝이 났지요. 그렇지만 권력을 가진 사람이 법을 좌우한다면 결과는 마찬가지일 수 있습니다. 개인의 자유라도 법에 따라 제한하면 정당한 일처럼 보이니까 법을 마음대로 만들면 되잖아요. 법치주의의 뜻을 형식적으로만 받아들이도록 한 것이지요.

하지만 법치주의는 그저 '법대로' 한다는 뜻이 아닙니다. 국민의 권리와 의무에 관한 사항은 법률로 정해야 한다는 것뿐만 아니라, 그 법률로 이루려는 목적이나 내용도 헌법에 맞아야 한다는 의미입니다.

헌법에는 법치주의에 대한 내용이 많습니다. 일단 헌법이 있다는 것 자체가 법으로 국가를 운영한다는 뜻이지요. 법의 내용뿐만이 아니라 그런 법을 실행하는 과정 역시 정의에 맞도록 절차에 따라야 합니다. 행정부가 새로운 일을 할 때도 꼭 법을 만들어 하도록 했지요. 그렇게 만든 법이 잘 지켜지는지 독립된 사법부에서 심판하고요. 모두가 다 정의로운 법에 따라 통치를 보장하기 위해서지요. 그래서 어떤 법률이 정의롭지 못하다면 법치주의에서 말하는 법이 아닙니다. 헌법이 밝히고 있는 국가의 의무와 어긋나고, 국민의 기본권을 해친다면 '법'이라고 부를 수 없습니다. 무조건 따라서는 안 되지요.

위헌 법률 심판과
헌법 소원

사람이 하는 일이니까 일부러 그러지 않더라도 법을 잘못 만들 수 있습니다. 만들 때는 좋은 법인 줄 알았는데 세상이 바뀌면서 더 이상 어울리지 않을 수도 있습니다. 여러분이 커 가면서 멀쩡한 옷인데도 더 이상 맞지 않는 것처럼요. 또 다른 문제도 있습니다. 법이라고 통틀어 부르지만 법에도 여러 종류가 있기 때문에 생기는 문제지요.

일반적으로 법률이라고 할 때는 국회에서 만든 법을 가리킵니다.

국회에서는 조금 막연하게 추상적으로 법을 만드는 경우가 많습니다. 말이라는 게 따지고 들어가면 언뜻 보기보다 생각해 봐야 할 것이 많거든요. 이를테면 법은 학교를 만들 때는 '학교 헌장'을 만들어서 교육부에 신고하라고 요구합니다. 그런데 학교 헌장은 어떤 내용으로 만들어야 할까요? 그 학교를 세우는 이유라든가 앞으로 어떤 식으로 운영하겠다는 계획 같은 것들을 담고 있어야 할 겁니다. 하지만 그런 자세한 내용까지 일일이 국회에서 법으로 만들자면 국회의원들의 일이 끝도 없을 거예요. 법을 적어 놓은 법전도 엄청 복잡하고 길어지겠지요. 그래서 일단 국회에서 법으로 큰 틀을 만든 다음 실제로 일하는 행정 각 부처에서 자세한 내용을 보충하도록 했습니다. 행정 각 부처에서 만드는 걸 시행령, 시행 규칙이라고 하지요. 법의 자세한 부분을 보충할 수 있도록 한 겁니다.

이렇게 하는 다른 이유도 있습니다. 성적을 올리기 위해 아침에 1시간 일찍 일어나기로 했어요. 그런데 그 시간에 무슨 공부를 할 것인지는 그때그때 달라질 수 있잖아요. 일단 영어가 부족하니 몇 달은 영어 공부를 하고 어느 정도 보충이 된 다음에는 수학으로 바꿀 수도 있겠지요. 시험 기간에는 그날그날 달라질 수도 있고요. 그렇게 한 번씩 바꿀 때마다 국회에서 새로 법을 만든다면 효율성이 많이 떨어질 수밖에 없습니다. 그래서 국회는 일정한 부분을 직접 일을 하는 다른 기관에 맡겨 보충을 하도록 합니다.

우리는 지방 자치 제도를 실시하고 있지요. 지방마다 사정이 있을 겁니다. 그래서 법을 어기지 않는 범위 안에서 지방 의회마다 각 고장에 맞는 일들을 하기 위해 그 지방만의 법률인 조례를 만듭니다. 이처럼 큰 테두리 안에 다양한 법률이 있습니다. 헌법, 법률이 우선이고 그다음이 시행령, 시행 규칙 같은 명령입니다. 조례, 규칙 같은 지방 자치 법규가 그다음이지요.

이렇게 순서대로 법률을 만들다 보면 처음에 법을 만든 목적에 맞지 않는 일들이 벌어질 수도 있어요. 아침에 일찍 일어나기는 했는데 눈 뜨자마자 스마트폰 게임을 하는 것처럼 말이에요. 법이 잘못 만들어지는 겁니다. 뭐가 잘못인지는 그보다 위의 법들과 비교해 보면 알 수 있습니다. 상위의 법에서 맡겨 놓은 이유에 맞지 않게 만들어졌나 살펴보는 겁니다. 그때 가장 큰 기준은 물론 헌법이지요. 대한민국이 어떤 나라인지, 어떤 나라이어야 하는지 밝힌 것이 헌법이니까요. 헌법재판소는 위헌 법률 심판을 해 어떤 법률이 헌법에 어긋난다고 판단되면 그 법률의 효력을 없애 버립니다. 헌법에 맞도록 다시 만들라고 합니다. 그런 재판이 위헌 법률 심판입니다.

한편, 국가가 국민 개인의 권리를 해친다고 보일 때는 헌법 소원을 통해 그런 일을 더 이상 하지 못하도록 할 수 있습니다. 선거구에 관한 법률이 헌법 소원으로 효력을 잃은 것이 그 예입니다. 국민은 누구나 선거권을 가지고 있지요. 그런데 어떤 지역은 다른 지역보다 인구 밀도가 훨씬 높은데도 국회 의원을 1명만 뽑도록 했어요. 그러면 1표의 가치가 지역에 따라 달라질 수밖에 없지요. 누구는 100표를 받으면 당선되는데 누구는 300표를 받아야 당선됩니다. 어느 정도까지는 괜찮지만 그 차이가 너무 커서, 2 대 1을 넘을 정도면 안 된다고 헌법재판소는 판단했습니다. 그래서 법을 다시 만들어 선거구도 다시 정해야 했지요.

위헌 심사의
과정

법률이나 국가 기관의 행위가 헌법에 어긋난다고 판단하는 것은 어떤 과정으로 이루어질까요? 법률이 헌법에 어긋나는 것은 아닌지 알아보는 위헌 법률 심판은 원칙적으로 법원에서 재판을 받는 과정에서 이루어집니다. 국민의 대표들이 만든 법인데 그저 자기 마음에 들지 않는다고 헌법 재판을 해 달라고 할 수는 없습니다. 그랬다가는 법률을 안정적으로 적용할 수 없습니다. 자기가 재판을 받는

데, 그 재판에 쓰는 법이 뭔가 잘못됐다고 보일 때 헌법 재판을 해 달라고 합니다. 법은 원래 모든 사람을 대상으로 합니다. 대부분은 문제가 없었는데 특별한 문제에 적용을 하려고 보니까 잘못된 부분이 드러날 수도 있잖아요. 부모님이 가게에서 평소 입던 사이즈대로 옷을 사 왔는데 이상하게 몸에 맞지 않는 일이 있을 수 있잖아요.

반면 헌법 소원은 재판과 관계없이 국가 기관의 행위나 법률이 있는 것만으로도 개인의 기본권을 침해 받을 때 심판해 달라고 요구할 수 있습니다. 앞서 선거구에 관한 법률이 그렇지요. 법률 자체가 국민의 선거권을 불평등하게 만들어 놓았기 때문입니다. 아무래도 위헌 법률 심판보다는 드물게 열리는 재판이겠지요.

헌법에 위반된다는 것은 헌법에서 정한 대한민국의 질서, 제도, 국민의 기본권 같은 것들에 어긋난다는 뜻입니다. 위반인지를 알아보기 위해서는 먼저 그 법을 왜 만들었는지, 어떤 목적으로 만들었는지 살핍니다. 그 목적을 이루기 위해서 법률이 적합한 수단인지 살펴보지요. 다른 방법이 없는지, 꼭 그렇게만 법을 만들어야 했는지도 생각해 보고요. 어쩔 수 없다 하더라도 피해를 줄일 수 있는 방법은 없는지도 고민해 봅니다. 이런 것들을 모두 살펴봐도 도저히 안 되겠다 싶을 때 법을 없앱니다.

제대 군인 지원에 관한 법률을 예로 들어 볼까요? 이 법률은

1999년 위헌 결정으로 효력을 잃었습니다. 하지만 요즘도 다시 만들거나 비슷한 법률이 있어야 한다는 목소리가 있습니다. 이 법률은 군대를 다녀온 남자가 공무원 시험을 보면 100점 만점에서 3점이나 5점까지 가산점을 주는 것이었습니다. 국가를 위해 군대에서 젊은 날을 희생한 보상을 해 주자는 것이었지요. 목적이 나쁘다고 보기는 어렵지요.

그런데 군대는 국방의 의무라는 헌법이 요구하는 의무인데 그걸 꼭 희생이라고 봐야 하느냐는 지적이 있었습니다. 한편으로 군대에 가지 않는 여자들, 그리고 건강 때문에 군대에 가지 못하는 일부 남자들이 손해를 본다는 문제도 있습니다. 남녀평등은 헌법이 특별히 예로 들어 가면서 강조하는 기본권이거든요. 헌법은 여성, 장애인을 특별히 보호하라고 합니다. 군대에 다녀온 남자들을 도와주는 건 좋은데 결과적으로 다른 사람들을 차별하는 일이 벌어진 겁니다. 왜냐하면 공무원이 되고 싶은 사람들의 경쟁이 치열해서 3점이나 5점을 더 받는 남자들을 다른 사람들이 도저히 따라잡을 수 없거든요. 평등권을 침해하고, 공무원이 될 수 있는 공무 담임권, 일하고 싶은 근로의 권리까지 침해하기도 합니다.

물론 2년 동안 국가를 위해서 군대에서 열심히 생활한 것을 인정해 줘야 하는 것은 맞겠지요. 공부나 혹은 직장을 쉬고 군대에 가야 하니까요. 연예인이나 운동선수라면 2년이라는 시간이 무척 길 겁니다. 아이돌 가수라면 자칫 잊혀질 수도 있는 시간이니까요.

그럼 어떻게 해야 할까요? 지원을 해 주는 방법이 꼭 공무원 시험에서 점수를 더 주는 것만 있는 건 아니잖아요. 군대에 있는 동안이라도 군대 일을 하는 시간 말고 다른 시간에 각자 하고 싶은 일을 하도록 국가가 도울 수도 있겠지요. 예를 들어 취직 시험을 준비할 수 있도록 말이에요. 얼마든지 다른 방법을 생각해 볼 수 있는데, 그런 걸 하지 않고 국가가 너무 쉬운 방법으로 문제를 해결하려고 한 겁니다. 누군가 어떤 일로 손해를 보고 있다면 그 부족한 부분을 채워 줘야 합니다. 그렇다고 다른 사람의 것을 빼앗아서 줘서는 안 되는데 말입니다. 그래서 헌법에 어긋난다는 결정을 받았지요. 물론 지금도 제대 군인을 도와줘야 할 필요는 있습니다. 그래서 어떤 식으로든 다시 법을 만들어야 한다는 목소리가 높기도 하고요. 어떤 방법이 있을지 생각해 보지 않을래요?

헌법도
틀렸다면

"영원한 건 절대 없어. 결국에 넌 변했지~" 이런 노래가 있지요. 어떤 철학자는 어떤 것을 항상 옳다고 한다면 그건 옳은 게 아니라고도 했습니다. 대한민국이라는 국가를 지탱하는 가장 큰 정신적 기둥인 헌법도 마찬가지입니다. 지금의 헌법은 1987년에 만들었어요. 사람이 태어나서 서른 살 정도면 보통 자녀를 갖기 때문에 한 세대를 30년이라고 합니다. 지금의 헌법을 만든 지 한 세대가 되었습니다. 그사이에 세상은 얼마나 많이 변했을까요. 헌법은 한 국가의 목표를 제시해 주지만 한 사회의 현실을 반영하기도 합니다. 부모와 자식만큼 세대 차이가 생기는 동안 헌법은 바뀌지 않았어요.

여러분의 부모님이 학교에 다닐 때는 지금보다 훨씬 많은 학생이 한 학급에서 공부했습니다. 새로 태어나는 아이가 줄어들었고 인구도 줄어든 겁니다. 그 대신 예전보다 어른들이 건강하고 오래 살게 됐습니다. 현대를 고령화 사회라고 하지요. 예전에는 어느 정도 나이가 들면 결혼하는 것을 당연하다고 생각했는데 요즘은 꼭 그렇지도 않지요. 집안일만 하는 사람보다 사회생활을 하면서 꿈을 펼쳐 가는 사람이 훨씬 많아졌습니다. 다문화 가정이 많이 늘어나서 피부색이 조금 다른 국민 수도 늘었고요.

그보다 훨씬 피부에 와 닿는 예를 찾아볼까요? 1987년에는 인터넷이 없었고 스마트폰 같은 것은 SF 영화에나 나왔어요. 전화기로 TV를 보다니, 상상조차 할 수 없었지요. 그렇게 세상이 달라졌으니 국가가 해야 할 일도 달라지는 게 당연하지 않을까요? 그래서 헌법도 손을 봐야 합니다. 물론 자유 민주주의와 기본권을 보장하는 것과 같이 커다란 이념을 바꿀 가능성은 낮지요. 하지만 그런 것들을 실현해 나가는 방법, 아니 그 전에 어떤 것들을 실현해 나가야 할지는 많이 달라져야 할 겁니다.

대한민국 국민은 인간으로서의 존엄과 가치를 가진다고 했지요? 거기에서 모든 기본권이 나온다고 했고요. 그런데 그런 자유, 평등, 행복처럼 훌륭한 권리들을 가지기 위해서는 우선 기본적인 생존권이 보장돼야 합니다. 당장 배가 고픈데 무슨 인간다움을 찾겠어요. 그래서 헌법은 제34조 제1항에서 "모든 국민은 인간다운 생활을 할 권리를 가진다."라고 따로 정해 놓았습니다. 우리 헌법재판소에 따르면 인간다운 생활권은 물질적으로 최소한의 생활을 보장하고, 더 나아가서 문화적으로도 최소한의 생활을 보장하는 것입니다. 인간은 밥만 먹는다고 살 수 있는 존재가 아니기 때문입니다. 의식주도 인간의 존엄을 해치지 않는 정도는 돼야 하고, 거기에 다른 사람들과 어울려 문화적인 생활을 할 수 있도록 최소한의 지원을 해 줘야 한다는 겁니다. 물론 그런 지원은 스스로 그 이상의 생활을 찾을 수 있도록 도와준다는 의미도 있어야겠지요.

한편 헌법에 나오는 기본권은 국가가 그렇게 해 줘야 한다는 의무를 뜻한다고 했지요? 이에 따라 국민은 국가에 이러저러한 혜택을 달라고 요구할 수 있어야 합니다. 그런데 지금의 헌법은 그렇게 요구할 수 있는 권리를 인정하지 않습니다. 그러니까 국가에 이러저러한 일을 하라고 정해 놓기는 했는데, 국가가 그 일을 하지 않아도 어떻게 할 방법이 없지요. 뭔가 앞뒤가 맞지 않는 느낌이지요. 헌법에서 국민의 기본권을 어떻게 실현시킬 것인지 구체적으로 정할 필요가 있습니다. 국가가 게을리하면 국민이 직접 요청할 수도 있게 만들고요. 그렇게 만들어 놓는다면 국회에서 법을 만들 때도 조금 더 신경 써서 헌법의 정신을 잘 살리는 법을 만들겠지요. 악법이 만들어질 가능성이 많이 줄어들 겁니다. 그 전까지는 국민이 눈을 똑바로 뜨고 혹시 악법이 끼어들지는 않는지 잘 감시해야 할 테고요.

사회생활의
내비게이션,
민법

7

민법은

사회에서

여러 사람과

다양한 관계를 맺을 때

어떻게 해야 하는지

길라잡이 역할을 해주는 것입니다.

상규는 아침부터 어머니와 말다툼을 벌였습니다. 벌써 몇 달째 스마트폰을 바꿔 달라고 졸라 왔거든요. 마침내 지난 달 어머니는 공부만 열심히 하면 최신형으로 바꿔 주겠다고 분명히 약속을 했습니다. 그런데 이번 달 성적표를 보시더니 얘기도 못 꺼내게 하는 겁니다. 상규는 정말 누구에게든 떳떳하게 말할 수 있을 만큼 열심히 했거든요. 시험에서 실수를 하는 바람에 생각보다 점수가 나오지 않았을 뿐이지요. 어머니는 엉뚱한 얘기로 약속을 얼버무리는 것 같았습니다. 학교나 학원에서 공부는 안 하고 스마트폰으로 엉뚱한 짓 할까 봐 걱정이라고요. 사실 지금도 데이터를 쥐꼬리만큼 쓸 수 있게 해 주지요.

물론 어머니가 돈 때문에 그러는 건 아닙니다. 스마트폰 사용료와 비교도 할 수 없이 비싼데도 매달 내는 학원비는 아깝지 않아 하시니까요. 더구나 어머니는 그동안 모은 용돈으로 스마트폰을 바꾸고, 데이터 요금제도 자유롭게 선택하겠다고 해도 허락해 주시지 않아요. 자기 돈인데 마음대로 쓰지도 못하게 하니 상규는 화가 나는 겁니다. 상규가 더 화가 나는 건 어머니가 자기를 믿어 주지 않는 겁니다. 어머니가 걱정하시는 일들은 마음만 먹으면 얼마든지 몰래 할 수 있거든요. 상규 스스로 잘못된 일을 하지 않는 것인데 어머니가 그걸 몰라주니 속상한 겁니다.

민법이 필요한 이유

새로운 것을 배울 때 흔히 '뭐 하는 법'이라는 표현을 쓰지요. '자전거 타는 법'을 배웠다는 식으로 말입니다. 그런 '법'은 대개 다른 사람들이 먼저 이런저런 시행착오를 거치며 만들어 놓은 것이지요. 민법도 마찬가지입니다. 사람과 사람 사이에 벌어지는 일들 중 주로 경제생활과 관련해 어떻게 해야 하는지 정해 놓은 것입니다. 물건을 살 때는 돈과 맞바꾸는 것을 원칙으로 하자는 식으로 말입니다. 민법은 어느 날 법부터 먼저 발표하고 앞으로 이렇게 살자는 식으로 만든 게 아닙니다. 오랜 시간 많은 사람이 반복된 일을 하면서 굳어진 습관들을 아예 법률로 만든 것입니다.

그래서 민법을 아는 것은 사회생활을 미리 배우는 것과 마찬가지입니다. 다른 사람이 쓴 책을 읽으면 남들은 어떻게 생각하는지 알 수 있고, 그래서 세상에 대한 이해의 폭을 넓힐 수 있는 것처럼 말이에요. 머릿속에 삶의 길을 찾아갈 수 있는 능력이 생깁니다. 공부를 하고 책을 읽는 이유와 같은 것이지요. 밥을 먹고 운동을 하면 근육이 생기고 성장하는 것처럼, 새로운 지식을 익히면 머릿속에서 뇌 신경들이 연결되면서 생각할 수 있는 회로가 만들어집니다. 그렇게 한번 뇌 신경 회로가 만들어지면 비슷한 상황에서 빠르게 사고할 수 있지요. 민법이라는 회로는 사회에서 여러 사람과 다양한 관계를 맺을 때 어떻게 해야 하는지 길라잡이 역할을 해 줍니다. 낯선 길이라도 불편함 없이 갈 수 있게 해 주는 내비게이션처럼 말입니다.

민법은 개인과 개인 사이의 법률관계에 대한 것입니다. 법률관계는 권리와 의무를 낳는 것입니다. 평범한 약속과 다른 점은 지키지 않았을 때 법을 통해 강제로 실현할 수 있다는 것입니다. 내야 할 돈을 내지 않으면 법원이 재산을 강제로 처분해 가져갈 수 있는 관계입니다.

대한민국은 자유 시장 경제 체제를 택하고 있어 자유롭게 거래 관계를 할 수 있는 계약 자유의 원칙, 개인의 재산을 보호해 주는 소유권 절대 원칙을 가지고 있지요. 자유롭게 하라면서 왜 법, 강제라는 말들이 필요한지 의문이 들 수 있습니다. 민법은 많은 사람이 오랜 기간 여러 가지 거래 관계를 해 오면서 얻은 경험들을 법으로 바꿔 놓은 것입니다. 왕래가 많은 곳에 자연스럽게 길이 생겼는데 그 길을 더욱 편하게 이용하기 위해 포장하고, 차선을 긋고, 신호등도 달아 놓은 것입니다. 우리는 하루하루 그 길을 걷다 보니 당연하게 받아들이지요. 생각해 보세요. 가게에서 마음에 드는 물건을 찾았는데 왜 돈을 줘야 할까요? 그 물건 대신 다른 물건을 주거나 가게에서 일을 하면 왜 안 될까요? 사실 딱히 안 될 이유는 없는데, 미리 정해 놓았기 때문입니다.

같은 사회에 사는 사람들끼리는 공통적으로 지키는 약속이 있어야 서로 믿고 안정적으로 거래를 할 수 있지요. 그걸 더욱 보호해 주기 위해 강제력을 주도록 한 것이지요. 파란불에만 움직여야 원활하게 교통이 흐르는 것처럼 말입니다. 여러분 주위의 많은 것이 법률관계입니다. 학교 갈 때 버스나 지하철을 타는 것은 운송 계약, 군것질할 때는 매매 계약, 스마트폰을 이용하는 것은 서비스 계약……. 민법은 그런 법률관계에서 가장 기본이 되는 원리들을 정해 놓은 법률입니다.

민법의
구조와 원리

민법은 사람이 태어나 권리와 의무의 주체가 되고, 거래를 통해 재산을 형성하고, 이성을 만나 가족을 이루는 과정까지 한 개인의 일생에 걸친 분야를 포괄하고 있습니다. 가장 중요한 핵심은 다른 사

람과의 관계에 관한 것이고요. 혼자 산다면 무슨 법이 필요하겠어요. 그때그때 하고 싶은 대로 하면서 살면 되지요. 둘 이상이 어울리다 보니 서로 간에 지켜야 할 규칙이 필요합니다.

또한 민법은 당장이 아니라 미래를 계획하기에 필요합니다. 약속이란 이미 벌어진 일이 아니라 장래를 향하는 것이잖아요. 그래서 민법은 크게 이런 내용들로 이뤄져 있습니다. 약속을 어떻게 할 것이며, 만약 약속을 지키지 않았을 때는 어떻게 할 것인지에 관한 것입니다. 약속을 지킴에 따라 가지게 된 재산을 어떻게 사용할지 역시 들어가야 하는 내용이지요. 서로 약속을 한 것은 아니지만 어떤 문제를 두고 이해관계가 충돌했을 때 어떻게 해결할 것인지에 관한 내용도 들어가지요.

조금 더 자세하게 볼까요? 약속이란 서로 뜻이 맞았다는 뜻입니다. 그런데 뜻이 맞았는지 안 맞았는지 보려면 먼저 각자 어떤 의사를 드러냈는지부터 확실하게 해야겠지요. 말 또는 글로 드러낸 의사에 대해 그게 무슨 뜻인지부터 분명하게 하는 것이 민법의 시작이랍니다. 별거 아니라고 생각할 수도 있겠지요. 하지만 세상의 많고 많은 문제는 사소한 오해에서 비롯된답니다. 어떤 것을 원하는지 명확하게 전달하고, 상대방이 무슨 얘기를 하는지 정확하게 이해하는 것은 생각보다 많이 어렵습니다. 여러분도 내 마음은 그게 아닌데 그걸 몰라줘서 속상했던 일이 있을 겁니다. 때로는 속마음과 겉으로 내뱉은 말이 다를 때도 많잖아요. 어른들은 아이가 너무 예쁘면 콕 깨물어 주고 싶다고 하는데, 정말로 물겠다는 뜻은 아니잖아요.

물론 민법이 말하는 방법까지 알려 주지는 않습니다. 그보다는 어떤 말과 글이 법적으로 문제가 됐을 때 어떻게 해석할 것인지 그 기준을 제시해 줍니다. 그래서 다툼이 생기면 그 기준에 따라 옳고 그름을 나누지요. 유머러스한 영화나 TV 프로그램에 '거시기'라는 단어가 등장할 때가 있습니다. 거시기가 거시기 하길래 거시기 해 버렸다. 뭐, 이런 식으로 말이지요. 말을 주고받는 사람들은 여러 가지 주변 사정들까지 종합해서 신기하게도 그게 무슨 뜻인지 알아듣지요. 하지만 다른 사람들은 도대체 무슨 소리인지 황당할 수밖에 없습니다.

그럴 때 민법은 말을 한 사람의 속마음이 아니라 다른 사람들이 어떤 뜻으로 받아들이는지가 더 중요하다고 봅니다. 그래야 겉으로 드러난 말을 믿은 사람들이 뜻밖의 손해를 보지 않을 수 있으니까요. 그러니까 민법을 조금이라도 안다면 '거시기'라는 식으로 약속을 해서는 안 되지요. 서로 무슨 말인지 알아들을 수 있게 분명하게 얘기하는 것부터 시작해야 합니다. 혹시 같은 단어를 서로 다른 속

뜻으로 썼다면 어느 쪽이 일반적인 뜻인가를 따져 봐서 그 뜻으로 해석하라고 합니다. 속마음보다 겉으로 드러난 말이나 글을 중요하게 보지요. 그도 그럴 것이 그렇지 않으면 법률관계가 엉망진창이 될 수 있기 때문이지요. 떡볶이 달라고 해 놓고 사실은 김밥이 먹고 싶었다고 하면 분식집은 어떻게 장사를 하겠어요? 민법의 많은 부분이 이처럼 의사 표시를 어떻게 하고, 어떻게 해석할 것인지에 관한 것이랍니다.

어머니의 약속과
당사자 능력

일상생활의 모든 얘기를 법의 눈으로 볼 수는 없겠지요. 법은 어떤 권리, 의무를 낳는 것들에 관한 얘기입니다. 법률관계가 만들어지고 법적으로 인정받는 의사 표시가 성립하려면 일정한 요소가 포함돼 있어야 합니다. 우선 서로 약속을 하는 목적이 뭔지 분명해야 합니다. 뭘 하자는 건지도 모르는데 그걸 법으로 보호해 줄 수는 없잖아요. 또한 보호해 줄 만한 내용이어야 하지요.

셰익스피어의 〈베니스의 상인〉이라는 희곡을 알지요? 악랄한 상인 샤일록은 돈을 갚지 못하면 돈 대신 살 한 덩어리를 떼어 가겠다고 합니다. 굉장히 큰 위기가 닥친 것처럼 묘사하다가 어렵사리 문제를 해결하지요. 우리 법이라면 간단합니다. 그런 계약은 건전한 사회 상식으로 인정해 줄 수 없는 것이라서 무효로 봅니다. 노예 계약처럼 현대 사회가 인정해 줄 수 없는 계약, 혹은 사회 경험이 부족하고 급한 사정이 있어 한쪽에 지나치게 불리하게 체결한 계약 같은 것들은 계약으로 인정해 주지 않습니다. 아무리 각서를 쓰고 서로 도장을 찍었더라도 아예 없었던 것으로 취급합니다.

그런데 목적이 무엇인지 알기 위해서는 의사 표시의 해석부터 해야겠지요. 민법은 일단 겉으로 표시한 의사가 무엇인지를 중심으로 본다고 했지요? 설령 자기가 진짜로 원한 것은 다른 것이라고 할지라도 상대방은 겉으로 드러난 말을 믿을 수밖에 없으니까요. 물론 친한 친구 사이처럼 호떡같이 말해도 찰떡처럼 알아듣는 사이라면 찰떡에 대해 약속한 것으로 봐 줘야 하겠지만 말입니다. 혹시 속아서, 아니면 착각해서 어떤 뜻을 잘못 밝힌 것이라면 취소할 수 있는 기회를 줘야 하고요. 민법은 이런저런 상황에 대비해 몇 가지 규칙을 만들어 놓았습니다.

어머니와 상규 사이의 약속을 한번 볼까요? 어머니는 상규에게 스마트폰을 바꿔 주겠노라고 약속을 했지요. 어머니의 목적은 아마 상규의 학습 의욕을 높여 주는 것이었겠지요. 사회적으로 받아들일 수 없는 목적이라거나 상규에게 딱히 불리한 것은 없습니다. 그런데 그 약속에 조건, 일정한 대가라고 볼 수 있는 "열심히 공부한다."라는 단서가 달려 있었고요. 이걸 무슨 의미로 봐야 할까요? '열심히'가 무슨 뜻인지 모르겠다는 뜻이 아니라 어느 정도를 가리켜 '열심히'라고 할 수 있는지 모호합니다. 하루에 몇 시간 이상을 뜻할 수도 있고, 어떤 과목의 진도를 얼마나 나가야 한다는 의미일 수도 있습니다. 꼭 성적이 오르지 않더라도 말입니다. 제3자가 봐서 객관적으로 무슨 의미인지 특정하기 어렵습니다. 어머니와 상규 두 사람 사이에서도 벌써 의견이 엇갈리잖아요. 이럴 때는 약속 자체가 있었다고 보기 어렵습니다. 약속이 없어져 버렸으니 상규로서는 어머니에게 화를 낼 근거도 없어진 거지요.

법은 어떤 분야에서건 원하는 바를 명확하게 구체적으로 정해 놓을 걸 요구합니다. 육하원칙을 따르는 것이 좋은 예가 됩니다. 약속을 정확히 정하고 그런 약속을 기록으로 남겨 놓는 것을 습관 들이면 여러분 평생 가장 큰 자산이 될 수 있습니다.

어머니와 상규 사이에서 한 가지 더 살펴볼 것이 있습니다. 법적으로는 어머니 혼자 주겠노라는 약속을 한 것이지 상규의 의사는 중요한 것이 아니었습니다. 설령 더 정확한 내용으로 약속을 했더라도 어머니가 쉽게 취소할 수 있는 상황이지요. 법률관계를 맺는 데 여러분과 관련해 중요한 사항이 있습니다. 민법은 미성년자 혼자 법적인 행위를 할 수 없다고 정해 놓았습니다. 단독으로 거래를 할 수 없고 부모님이나 법률상 보호자의 동의가 반드시 있어야 한다고요. 설령 법을 어기고 물건을 샀더라도 미성년자라는 이유만으로 취소할 수 있습니다. 날마다 학용품, 군것질 같은 것을 사는데 무슨 소리냐고 하겠지요. 그런 것들은 미리 부모님의 허락을 받은 범위 이내라고 봐서 인정해 주는 것입니다. 그 범위를 넘어설 만한 경우는 혼자 거래할 수 없습니다.

부모님으로부터 받은, 쓰는 것을 허락받은 용돈을 차곡차곡 모아서 값비싼 물건을 사는 것은 어떨까요? 상규의 바람대로 그렇게 갖고 싶어 하는 스마트폰과 데이터 사용 약정을 했다면 말입니다. 민법은 그것도 안 된다고 합니다. 여러분에게는 답답하고 원망스러울 수 있지만, 미성년자를 보호하기 위한 강력한 조치입니다. 좋지 않은 어른의 꾐에 넘어가서 책임질 수 없는 큰 부담을 졌다고 생각해 보세요. 그런 경우에도 미성년자라면 다른 이유를 묻지 않고 그걸 없던 일로 되돌릴 수 있는 권리를 보장해 주는 것이에요. 못 믿어서가 아니라 보호해 주기 위함입니다. 아직은 사회생활에 대한 준비가 돼 있지 않으니까요. 민법도 모르잖아요.

물론 그렇다고 그런 법률을 함부로 남용해서도 안 되겠지요. 비싼 물건을 구매하는 척해서 마음껏 쓰고 돌려주는 식으로 행동하면 안 됩니다. 여전히 계약을 취소하고 돌려줄 수는 있지만 자녀 관리를 잘못한 책임을 부모님이 져야 하기 때문입니다. 내 잘못인데 왜 부모님이 책임을 져야 할까요? 어른이 된다는 것은 할 수 있는 일이 많아진다는 것뿐만 아니라 해야만 하는 일도 많아진다는 것이니까요. 그러니 앞으로 어떤 권리와 의무를 가지고 살아갈지 미리 알아 두는 게 좋겠지요.

채무 불이행과 불법 행위

군것질을 하기 위해 분식집에 들어갔습니다. 라볶이를 먹기 위해 1인분을 주문하지요. 음식을 먹기 위한 계약을 체결하기 위해 주문하는 것을 청약이라고 합니다. 아주머니가 알아듣고 고개를 끄덕이면 승낙이 되지요. 그럼 두 사람 사이의 약속이, 계약이 체결된 겁니다. 자주 들르는 곳이라면 아주머니와 눈을 마주치고 꾸벅 인사를 하는 것만으로도 평상시 하던 계약을 체결한 것으로 볼 수도 있습니다.

접시가 나오면 원래는 동시에 돈을 지급해야 합니다. 물건과 그 대가를 동시에 맞바꾸는 것이 매매 계약을 이행하는 원칙적인 모습이니까요. 돈을 지급했다면 라볶이는 완전히 내 것이 되고 소유권 절대의 원칙을 적용받습니다. 내 마음대로 사용하고 수익을 얻을 수 있지요. 누군가에게 다시 팔아도 상관없습니다. 물론 분식집 안에서 팔려고 한다면 내게는 그 장소의 사용권이 없기 때문에 다른 문제가 발생할 수 있습니다. 단순하게 맛있게 먹는 것으로만 알았겠지만 사실 이런 법적인 의미가 들어 있습니다.

돈을 나중에 드리려고 했다면 아주머니에게 라볶이 값이라는 빚, 채무를 부담하고 있는 것입니다. 만약 돈을 드리지 않으면 아주머니는 어떤 일을 할 수 있을까요? 법은 그럴 때 내 통장에서 돈을 빼갈 수 있거나 혹은 내가 가진 물건을 빼앗아 라볶이 값만큼 가져갈 수도 있게 해 줍니다.

돈을 늦게 받는 바람에 다른 손해가 있다면 그것도 물어낼 수 있게 합니다. 손해를 물어 주는 다른 경우로 불법 행위가 발생했을 때를 들 수 있습니다. 불법 행위는 약속 같은 것이 없었던 사이에서도 발생할 수 있습니다. 살다 보면 여러 사람이 어울려 관계를 맺기 때문에 뜻밖의 일이 생길 수 있거든요. 라볶이를 먹다 접시를 엎는 바람에 옆 사람의 옷을 망쳤다고 생각해 보세요. 일부러든 실수로든 다른 사람에게 손해를 끼쳤다면 그걸 배상해야 하는 것이 자유 시장 경제 체제를 이루는 또 하나의 원칙입니다.

얼마만큼 손해를 생각해 볼 수 있을까요? 손해는 일반적으로 크게 세 가지로 나눕니다. 우선 국물이 튀어 망친 옷의 세탁비입니다. 다음으로 만약 옷을 망치는 바람에 학원 수업을 듣지 못했다면 그 학원 수업료를 손해로 봐야 합니다. 특별한 경우에는 그 사람의 정신적 손해를 물어 줘야 할 수도 있어요. 별일 아닌 걸 법까지 따지자는 것이 아니라 원리를 익히자는 겁니다.

자동차 사고 같은 큰 문제도 똑같은 구조거든요. 차가 망가지거나 사람이 다쳤으면 수리비, 치료비가 손해입니다. 그 차를 쓸 수 없는 동안에 일을 할 수 없어서 벌지 못한 돈, 다른 교통수단을 이용하는 데 드는 비용도 물어 줘야 하고요. 정신적 피해에 대해 배상해 줘야 할 수도 있답니다.

그런데 우리나라 손해 배상 제도와 관련해 여러분이 어른이 됐을 때까지 바뀌지 않는다면 고쳐 줬으면 싶은 게 한 가지 있습니다. 사람이 다쳤을 때 일을 하지 못한 만큼 손해 배상을 해 줘야 한다고 했지요? 얼마를 해 줘야 할까요? 그 사람의 직업에 따라 평소에 벌었던 만큼을 기준으로 삼습니다. 그러다 보니 여러분처럼 나이 어린 학생이 다쳤을 때 문제가 생깁니다. 직업이 없기 때문이지요. 그래서 학생이 다쳤을 때는 우리 사회에서 가장 낮은 소득을 얻는 직업을 가진 걸로 봅니다. 공부를 잘하건 못하건, 어떤 특기가 있건 상관없이 말이에요. 미래의 꿈나무가 다쳤는데 중간 정도는 책정해 줘야 하지 않을까요? 고치기 위해 애쓰겠지만 달라지지 않는다면 여러분이 나중에 꼭 바꿔 주세요.

냉정한
판사님,
민사 재판

8

시연이는 변호사인 아버지에게 부탁해 몇몇 친구들과 법조인 직업 체험을 하기로 했습니다. 아버지는 민사 재판이 열리는 법정부터 보러 가자고 했지요. 모두 법원에 가 보는 것이 처음이라 법정에 들어갈 때 시연이와 친구들은 살짝 떨리기까지 했습니다.

판사 한 분이 위엄을 주는 법복을 입고 높은 법대에 앉아 있었습니다. 법대 바로 아래에서 법원 직원들이 수북이 쌓인 서류 뭉치들을 정리했고요. 원고와 피고는 판사를 정면으로 마주 보는 자리에 나란히 앉아 서로 자기주장을 펼쳤습니다. 차례를 기다리는지 제법 많은 사람이 그 뒤 방청석에 앉아 있었고요. 시연이 아버지와 비슷한 또래로 보이는 원고는 화가 잔뜩 난 듯 목소리를 높였습니다. 피고가 원고의 건물에서 장사를 하는데 벌써 몇 달째 가게 임대료를 전혀 내지 않는다고 했습니다. 피고는 연세가 꽤 많아 보이는 할머니였습니다. 할머니는 금방이라도 눈물을 떨굴 듯 그 자리에서 30년 넘게 장사를 하면서 얼마나 어렵게 살아왔는지 호소하려 했습니다.

그런데 뜻밖에도 판사가 할머니 얘기를 끊었습니다. 판사는 원고의 청구와 무관한 주장이라면서 입증 책임이 어쩌고 하는 말을 했습니다. 그 밖에도 할머니에게 무슨 얘기인가를 목소리 높여 힘주어 했는데 사실 무슨 뜻인지 알아듣기 힘들었습니다. 고개를 숙이며 자리에서 일어나는 할머니가 딱해 보이기만 했습니다.

다음 재판은 변호사들끼리 나왔습니다. 이번엔 뭔가 재미있는 일이 있을까 싶었지만 그것도 헛된 기대였습니다. 판사가 두툼한 서류들을 넘겨 보며 짧게 몇 가지를 질문하면 거기에 대해 답하는 것이 전부였습니다. 그것도 무슨 소리인지 도통 모르는 말들뿐이었습니다. 시연이와 친구들이 영화나 드라마에서 봤던 모습과는 달라도 너무 달랐습니다. 법정에서 나오자마자 아버지를 둘러싸고 질문을 퍼부었습니다.

재판 공개와 구술주의

❓ 생각보다 재미없었어요. 그런데 원래 이렇게 법정에 들어가서 구경하다 나와도 되는 거예요? 아니면 자기 차례 기다리는 사람들만 있는 건데 학생들이라 보여 준 건가요?

재판은 공개하도록 돼 있어요. 누구든지 자유롭게 보고 들을 수 있습니다. 그렇게 해야 판사들도 늘 국민이 지켜본다는 생각을 하겠지요. 그러다 보면 자연스레 조금이라도 더 신중하게 재판을 진행하게 될 겁니다. 서류만 들여다보고 판사들끼리 결론을 내리면 국민들로서는 무슨 일이 어떻게 벌어지는지 알 길이 없잖아요. 재판을 받는 사람들도 다른 사람들이 지켜본다는 생각에 아무래도 진지하고 솔직하게 행동하게 되겠지요. 민사 소송뿐만 아니라 모든 재판을 그렇게 하는 것이 원칙입니다. 너무 많은 사람이 몰려들었다거나 너무 개인적인 일이어서 외부에 알려지는 것이 마땅하지 않은 사건에 관한 재판인 경우에는 문을 닫고 할 수 있지요. 그렇지 않은 경우에는 공개를 해야 합니다. 중요한 사건이라면 TV 중계를 허용하기도 합니다. 외국에서는 법정의 재판을 24시간 보도하는 TV 채널이 따로 있기도 합니다.

❓ 기다리는 사람이 많던데 꼭 그렇게 법정에서 직접 만나 말로 해야 하는 건가요? 시간도 오래 걸리고 힘들 것 같아요.

법정에서 서로 무엇을 원하는지 말로 얘기하는 것을 구술주의라고 합니다. 이것도 재판의 원칙 중 하나입니다. 같은 말이라고 해도 억양과 표정에 따라 느낌이나 심지어 뜻이 달라지기까지 하지요. 말을 글로 옮겨 놓으면 정확한 의미 전달이 안 될 수 있습니다. 판사

앞에서 직접 말로 설명하다 보면 더 정확하게 원하는 내용을 얘기할 수 있지요. 뭔가 분명하지 않은 내용이 있으면 그 자리에서 묻고 답해 정리할 수 있고요. 수업도 선생님 혼자 줄줄 읽어 주는 것보다 묻고 답하면서 하면 느려 보이지만 더 정확하고 깊이 있게 배울 수 있잖아요? 서류로 다 써 내면 시간을 줄일 수 있지요. 실제로 예전에는 많은 재판을 그렇게 진행하기도 했습니다.

하지만 앞서 말한 것처럼 공개 재판을 한다는 의미가 퇴색해 버렸습니다. 서류를 어떻게 적어야 하는지 형식적인 것에 오히려 많은 정성을 빼앗기는 일도 생겼고요. 시간을 더 들이는 것 같지만 처음부터 끝까지 사건의 당사자들과 판사가 함께 얘기를 하면서 무엇이 문제인지 정리해 나가는 것이 더 공정하고 진실에 가까운 재판을 할 수 있다는 것을 경험을 통해 배운 것이지요.

다만 법정에서 모든 걸 말하기에는 너무 장황하다 싶을 때는 변호사들이 미리 준비 서면이라는 제목으로 어느 정도 내용을 정리해서 냅니다. 그럼 판사는 그걸 읽어 본 다음에 추가로 필요한 부분만 확인하지요. 전후 사정을 모르는 사람 입장에서는 무슨 일인지 모르겠지만 서류만으로 이뤄지는 재판과는 분명히 다릅니다. 예습을 해 온 다음 빠진 부분을 메우는 수업 같은 것이라고 봐도 되겠네요.

? 그런데 판사나 변호사가 쓰는 말이 너무 생소했어요. 법정을 공개하고 말로 재판을 한다고는 해도 국민들은 무슨 일들이 어떻게 진행되는지 모르기는 마찬가지 아닐까요?

그런 문제가 있는 것은 사실이에요. 우리 법에서 쓰는 용어들은 법조인들이 아니면 알아듣기 어려운 것이 많지요. 전문가들은 알아듣기 힘든 말을 써서 일반인들이 쉽게 다가오기 어렵게 만들곤 합니다. 그래서 자신들을 특별한 존재처럼 보이게 만드는 경향이 있거든요. 뭔가 다른 사람은 없는 능력을 가진 것처럼 말이에요. 예전 서양에는 법정에서 법조인들이 쓰는 언어가 아예 따로 있었다고 해요. 다른 사람들이 못 알아듣게 말입니다. 그런 식으로 권위를 얻고 믿음을 주는 시대도 있었지요. 하지만 이제는 아니겠지요. 높고 낮은 게 없는, 평등한 사회라는 걸 누구보다도 법조인이 알고 실천해 나가야 할 겁니다.

바꾸어 나가는 것은 양방향으로 생각해 볼 수 있습니다. 물론 법조인들의 자세부터 바꿔야 할 테지만요. 가능한 한 일상적이고 쉬운 용어들을 사용하는 것으로 말입니다. 법전에 쓰인 단어들 중 현대의 국어와 어울리지 않는 단어들은 없는지 꼼꼼히 점검해 볼 필요가 있습니다. 그런 용어들을 더 이상 쓰지 않으려면 어떻게 제도를 개선해야 할지도 고민하고요.

배심원 제도를 보다 폭넓게 활용하는 것도 그런 일에 도움이 될 겁니다. 배심원이란 전문 법관이 아니라 일반인들이 재판에 참가해 옳은지 그른지 여부를 결정하는 겁니다. 검사, 변호사는 자신이 맡은 역할에 따라 배심원들에게 사건을 잘 설명하고요. 판사는 공정한 재판이 이루어질 수 있도록 절차를 진행하지요. 축구나 야구 경기의 심판처럼 말입니다. 우리나라에서는 형사 소송에 국민참여재판이라는 이름으로 도입했어요. 일반인들이 배심원으로 참가하면 아무래도 그분들이 알아들을 수 있게 설명을 잘 해야 하겠지요? 자연스럽게 법을 쉽게 풀어 전달하기 위해 노력할 수밖에 없겠지요. 법과 국민 사이의 간격도 많이 줄일 수 있을 겁니다.

한편 여러분도 법에 대해 더욱 많은 관심을 가져야 합니다. 조금만 애를 쓰면 생각보다 쉽게 이해할 수 있는 부분들이 있거든요. 재판이 열리고 판결이 나오면 그 재판의 당사자들만 영향을 받는 것이 아니랍니다. 우리 사회에서 어떤 문제가 발생했을 때 어떤 방법으로 해결할지 결정하는 것이 법원이거든요. 그다음부터 비슷한 일이 있을 때는 이전에 정한 방법에 따라 해결하는 것이 원칙이 됩니다. 어려운 서술형 문제에 대해 모범 답안을 만드는 것이라고나 할까요? 국민들이 관심의 끈을 놓지 않아야 판사들도 더욱 긴장하고 옳은 답을 제시하기 위해 노력하겠지요.

변론주의와
자율

❓ 아까 법정에서 할머니 얘기를 끝까지 안 들어 준 이유는 뭐예요? 혹시 판사는 일상적인 말로 얘기하면 못 알아듣거나 싫어하는 건가요?

그럴 리가요. 그렇지는 않은데 할머니가 재판과는 관계없는 얘기를 길게 하셨기 때문이에요. 원고인 아저씨는 할머니가 가게에서 장사를 하면서도 임대료를 내지 않았다고 했잖아요. 그러면 할머니는 돈을 이미 냈다거나, 아니면 돈을 내지 않아도 건물을 쓸 수 있는 권리가 있다거나 하는 답변을 해야 합니다. 그런데 할머니는 당신이 얼마나 어렵고 힘들게 살아오셨는지에 대해 얘기를 꺼내셨지요. 그런 얘기도 사건과 어느 정도 관련이 있으면 들어 볼 필요가 있겠지요. 아까는 판사가 보기에 필요한 내용이 아니라서 중단시킨 겁니다.

법원에 원고로 나온 사람은 재판을 통해 무엇을 얻으려고 하는지 주장하고 그런 주장을 입증하기 위한 증거에는 무엇이 있는지에 대하여 얘기합니다. 반대편인 피고는 원고가 주장하는 일이 없다거나 아니면 원고의 말이 맞지만 그 이후에 상황이 달라졌다고 반대 주장을 해야 하는 겁니다.

❓ 그럼 법적으로 무엇이 문제인지 판사가 알아서 해 주는 게 아니라 재판을 받는 사람들이 먼저 주장해야 한다는 거예요?

맞습니다. 그런 걸 변론주의라고 합니다. 판사는 원고가 요구한 부분에 한정해서 재판을 합니다. 원고와 피고는 스스로 필요한 주장을 하고 자신들의 주장을 뒷받침하는 증거를 내야 합니다. 예를 들어 원고는 피고에게 1백만 원을 달라고 하면서 재판을 겁니다. 그럼 판사는 1백만 원을 받을 수 있는지 없는지 원고와 피고의 얘기를 들어 보지요. 원고는 피고에게 돈을 빌려줬기 때문이라고 주장합니다. 그러면서 증거로 차용증이나 돈을 통장에 입금해 준 내역 같은 것을 제출합니다. 그럼 피고는 그런 약속을 한 적이 없다거나 아니면 돈을 빌린 것은 사실이지만 전부 갚았다고 맞받아치는 식입니다. 판사는 양쪽의 얘기를 다 듣고 누구 손을 들어 줄지 결정합니다.

그런데 그 과정에서 판사는 필요 이상으로 끼어들 수가 없어요. 듣고 보니 원고가 받을 돈이 1백만 원이 아니라 2백만 원이더라도 원고가 달라고 하는 게 1백만 원이면 거기까지만 주라고 할 수 있습니다. 원고 또는 피고가 이기려면 어떤 증거를 내야 한다고 가르쳐 줘서도 안 됩니다. 혹은 누구 말이 옳은지 궁금하다고 판사가 직접 나서서 증거를 찾으러 다녀서도 안 됩니다. 축구나 야구 경기의 심판처럼 경기가 잘 진행되도록, 거기까지만 해야 합니다. 직접 골을 넣으려 해서는 안 되지요.

❓ 그럼 아까 그 할머니처럼 법에 대해 잘 모르는 사람은 너무 불
리하잖아요. 왜 판사가 알아서 해 주면 안 되나요?

우리는 자유 시장 경제 체제를 선택하고 있지요. 열심히 노력하
는 만큼 대가를 받을 수 있고, 개인 소유 재산을 철저하게 보호받
습니다. 그렇게 자유와 권리를 갖는다는 것은 그에 걸맞게 자율도
필요하다는 뜻입니다. 어떤 일을 해 나가는 건 자유이지만 그 과정
에서 발생한 문제를 스스로 해결하는 것이 원칙이지요. 법원이라는
국가 기관의 힘을 빌릴 때는 강제력을 동원하기 위해서일 뿐입니다.
법원으로 하여금 어떤 결론을 내리도록 이끌어 내는 것은 결국 각
자의 몫입니다.

무엇을 원하는지 주장하고 그걸 증명할 수 있는 증거를 제출하
면 법원은 공정하게 심판을 보고 결과에 따라 집행을 해 줍니다. 경
제 활동을 스스로 결정할 수 있도록 하면서 문제가 생겼을 때는 법
원이 마음대로 한다면 사적 자치의 의미가 퇴색하겠지요. 그래서
재판을 하는 과정에서 서로 다투지 않는 어떤 부분이 있으면 국가
는 더 이상 묻지 않고 그런 사실이 있었다는 것으로 인정해 줍니다.
설령 사실은 그렇지 않았다고 할지라도 말입니다. 이런 원칙은 민주

주의와도 일맥상통합니다. 국민 개개인이 주인이기 때문에 가장 먼저 각자가 적극적으로 움직여야 한다는 뜻이지요. 국가가 해 주길 기다려서는 안 됩니다.

민주주의와
민법

❓ 무슨 뜻인지는 알겠는데 그렇게 하다가 진실을 밝히지 못하면 어떻게 하죠?

민사 소송은 진실을 밝히는 과정이기도 하지만 서로 갈등을 일으키는 사람들 사이의 이해관계를 조정하는 과정이기도 합니다. 똑같은 일을 두고 어떻게 받아들이느냐에 따라서 서로 생각하는 방향이 완전히 다를 수 있거든요. 그래서 똑같은 일을 함께 했는데도 기억이 달라 싸움이 일어나기도 하지요. 실제로 무슨 일이 있었는지 밝히는 것이 꼭 진실이라거나 정의가 아닐 수도 있어요. 게다가 신이 아닌 이상 정말로 무슨 일이 있었는지 과거의 일을 완벽하게 알아내는 것은 불가능하기도 하고요. 어쩔 수 없이 공정한 절차를 지키는 것으로 만족해야 할 때도 있습니다.

물론 경우에 따라 꼭 필요한 부분은 법원이 더욱 적극적으로 개입하기도 합니다. 직접 파헤치지는 않더라도 이러저러한 부분은 조금 더 알아보라고 명령하는 방법으로 말입니다. 그래서 재판에서는 종종 누가 얼마만큼 증거를 가지고 있느냐가 가장 중요한 문제로 떠오릅니다. 판사가 보기에 분명히 그럴듯하다고 여겨지는 주장이라고 할지라도 증거가 없으면 그쪽 손을 들어 줄 수 없지요. 판사도 사람이니만큼 잘못 판단할 수도 있잖아요. 사람이기 때문에 저지를 수 있는 실수를 최소화할 수 있는 방법으로 우리 법이 채택한 것이

객관적인 증거에 따라 재판을 하자는 겁니다.

진실과 다른 결론이 나올 수 있고, 정말로 억울한 사람이 생길 수도 있지요. 하지만 법과 제도를 일관된 원칙에 따라 운영하는 것이 사회 전체의 관점에서 더 큰 가치를 지켜 갈 때가 많습니다. 혹시 억울한 일을 당할까 봐 걱정스럽다면 지금부터라도 중요한 일은 메모를 하고 기록을 남기는 습관을 들이세요. 기록은 기억을 지배한다는 말도 있잖아요. 앞으로 어떤 일을 하든지 기록하는 습관은 그 어떤 법률보다 훨씬 강한 무기가 될 겁니다.

❓ 민주주의의 의미가 재판을 할 때조차 이어진다고는 생각 못했어요. 조금 냉정하다 싶기도 해요.

일단 원칙을 그렇게 세우더라도 보충할 부분은 따로 메워야겠지요. 아까 법정에서 본 할머니처럼 법에 관해 알기 어려운 분이라면 변호사의 도움을 받을 수 있도록 제도적인 장치를 마련하는 식으로 말입니다. 만약 경제적으로 어렵다면 국가가 지원해 줄 수 있어야 하고요. 변론주의 원칙을 적용하는 것이 맞는 것인지 처음부터 의심스러운 영역이 있기도 합니다. 각자 스스로의 일을 해결한다는 것은 서로 가진 힘이 비슷비슷할 때의 얘기겠지요. 어느 한쪽이 일방적으로 힘이 세다면 대등하게 대우하는 것이 오히려 불공정할 겁니다. 대기업이나 정부 기관처럼 평범한 사람들이 상대하기에는 너무 벅찬 상대방이 있지요. 메이저리그 야구 선수들과 여러분이 똑같은 규칙으로 시합을 한다면 공정하다고 할 수 없잖아요.

　너무 전문적인 분야라 일반인들이 알기 어려운 분야도 있습니다. 의료나 환경, 첨단 제품과 관련된 일이 그렇지요. 그런 문제로 다툼이 일어난다면 어떤 식으로 진행을 해야 공정한 재판이 될지 아직 연구가 더 필요한 부분입니다. 법이 따라가기 벅찰 정도로 세상이 빠르게 바뀌니까요. 법조인들도 많이 노력하겠지만, 여러분도 관심을 가지고 지켜보고 응원해 주세요. 어떻게 법을 만들고 운영하느냐는 필연적으로 여러분이 어떤 세상에서 살아가느냐와 연결되니까요.

죄와 벌을
정하다,
형법

9

부모를 공경하지 않는 것이
죄는 아닙니다.

다른 사람과 사이좋게
어울리지 않는 것도
죄는 아닙니다.

머릿속으로 나쁜 마음을 먹는
것이 죄는 아닙니다.

아기가 날카로운 물건으로
엄마에게 상처를 입혔다고
죄가 될 수는 없습니다.

'나쁜 일'이라고 해도
선을 넘지 않으면
죄가 아닙니다.

이렇게
형법은 넘어가면 안 되는 선을
표시해 놓은 것입니다.
잘못 넘으면 절벽에서
떨어지는 것처럼, 법에서 정해 놓은 벌을 받아야 합니다.

대한이는 잔뜩 화가 나 만세를 찾아다녔습니다. 같은 동네에서 자라 초등학교 때부터 친구 사이입니다. 서로 모르는 것 없이 이것저것 다 알지요. 중학교까지 같은 학교에 다니니 더 말해 무엇하겠어요. 그런데 만세가 같은 반 친구들끼리 하는 단체 대화방에서 대한이를 두고 제멋대로 이런저런 이야기를 떠들었습니다. 처음 있는 일도 아니었기에 이번엔 따끔하게 주의를 줘야겠다 싶어 수업이 끝나자마자 부랴부랴 만세네 교실로 갔습니다. 교실 앞 복도에 만세가 서 있었는데 그 앞에 여학생 하나가 마주 서 있었습니다. 게다가 무슨 일인지 그 여학생은 두 손으로 얼굴을 감싸고 있었고요. 틀림없이 장난기 많은 만세가 여학생을 괴롭히는 것이라고 생각했습니다. 대한이는 달려가면서 그만하라는 말과 함께 손으로 거세게 만세를 밀어 버렸습니다. 단체 대화방에서 함부로 떠든 것에 대한 복수도 할 겸 여학생도 구해 줄 겸 해서요.

하지만 뜻밖에도 넘어진 얼굴은 만세가 아니라 같은 반 민국이었습니다. 민국이는 넘어지는 순간 여학생과 부딪히지 않으려고 몸을 틀어 넘어지느라 양쪽 팔꿈치가 다 까지도록 제법 많이 다쳤습니다. 민국이가 그 여학생을 괴롭힌 것도 아니었습니다. 학교 수업 끝나고 학원 가기 전 함께 간식 먹으러 가자고 졸라 대는 중이었거든요. 여학생이 부끄럼을 많이 타서 어쩔 줄 몰라 하며 얼굴을 가렸던 것이고요.

형법의
일반 원칙

대한이가 한 행동을 법의 관점으로 바라보면 어떤 판단을 내릴 수 있을까요? 법에는 여러 가지가 있지만 사람의 몸을 다치게 한 것이니 형법을 적용해 보기로 합시다. 형법은 죄와 벌을 정해 놓은 법입니다. 법이 생활을 편리하게 할 수 있도록 도와주는 지도와 같은 것이라면, 형법은 그 지도에서 특히 넘어가서는 안 되는 선을 표시해 놓은 것이지요. 잘못 넘으면 수렁에 빠지거나 절벽에서 떨어지는 것쯤으로 생각해도 될 겁니다.

잘못을 저지르면 벌을 받는다는 것이 기본적인 내용이지만 윤리나 종교의 가르침과는 많이 다릅니다. 부모를 공경하고 다른 사람과 사이좋게 어울리라는 정도를 법으로 만들지는 않지요. 다른 사람 혹은 사회, 국가가 법적으로 보호받아야 할 핵심적인 가치를 침해했을 때 형법이 나섭니다. 사람의 몸을 다치게 하는 것처럼 말입니다. 윤리, 종교와 다른 가장 결정적인 부분은 생각만으로는 법이 개입하지 않는다는 것이지요. 아무리 머릿속으로 나쁜 생각을 해도 겉으로 드러난 행동이 없다면 법은 상관할 수 없습니다. 그렇다고 나쁜 결과가 벌어졌다고 무조건 누군가의 죄로 보지도 않습니다. 갓난아이가 날카로운 물건으로 엄마에게 상처를 입혔다고 죄라고 부를 수 없는 것처럼 말입니다. 누군가의 잘못된 생각과 행동이 나쁜 결과를 낳았을 때 비로소 범죄라고 보지요.

형법은 어떤 행동이 그런 범죄에 해당하는지 정해 놓고, 그에 대한 대가가 무엇인지도 밝혀 놓았습니다. 벌금을 내게 하기도 하고, 일정 기간 교도소에 가둬 두기도 합니다. 피해를 입은 개인이나 사회, 국가의 손해를 메우도록 하는 겁니다. 다시 사회에 돌아와 다른 사람들과 어울려 살 수 있도록 반성하는 시간을 갖게 하는 거지요. 형법이 그렇게 만들어져 있다는 걸 알면 사람들은 되도록 범죄를 저지르지 않으려고 노력하겠지요. 범죄라는 병에 대한 예방 주사 같은 거예요.

그래서 형법은 어떤 법보다도 명확해야 합니다. 그래야 사람들이 어떤 행동이 죄가 되는지 알고 피할 테니까 말입니다. 그런 점에서 죄와 벌이 꼭 미리 정해져 있어야 합니다. 미리 정해 놓아야 뭐가 잘못된 일인지 알고 그런 행동을 하지 않을 테니까요. 세상이 바뀌면서 예전에는 생각할 수 없었던 새로운 범죄들도 생겨나지요. 인터넷이 없었을 때는 해킹을 해 다른 사람의 정보를 훔치거나, 정보 때문에 손해를 입는다는 건 상상도 못 했을 겁니다. 어떤 행동이 아무리 나빠 보인다고 할지라도 법으로 정해 놓지 않은 한 함부로 벌을 줘서는 안 됩니다. 그래야 수사 기관이나 법원이 제멋대로 사람들을 괴롭히지 못할 테니까요.

그만큼 엄격하고 최소한으로 적용하는 것이 형법입니다. 아무리 '나쁜 일'이라고 해도 거기 딱 맞는 법이 없는 한 처벌할 수 없다는 것, 이걸 죄형 법정주의라고 합니다. 어떤 사람을 상대로 수사 기관에서 수사를 할 때나 법원에서 재판을 할 때도 먼저 무슨 죄를 지은 것처럼 보이기 때문에 그렇게 한다는 것을 밝혀야 합니다.

범죄의
요건

대한이는 민국이라는 사실도 몰랐고, 여학생을 보호하겠다는 생각으로 행동을 했지요. 과연 대한이는 나쁜 일을 한 걸까요 아니면 그저 운이 나빠 실수를 했을까요? 막연하게 추측하지 말고 형법이 검토하는 방법을 따라 보기로 해요. 답을 얻기 위한 일정한 계산 공식이 있거든요. 꼼꼼하게 하나의 사건을 분석하고 가치를 분석하는 대단히 논리적인 방법입니다. 그런 방법을 익히면 여러분의 일상생활에서 논리적으로 상황 판단을 하는 데도 도움이 될 겁니다.

먼저 형법은 어떤 사건을 시간순으로 잘게 쪼개 놓고 그 순간순간을 여러 가지 측면에서 바라본답니다. 일단 대한이가 왜 그런 행동을 했는지 앞뒤 사정은 잠시 미뤄 두고 민국이를 밀던 바로 그 순간만을 보기로 해요. 대한이는 만세를 미는 걸로 생각했지요. 힘을 줘서 사람의 몸을 미는 것은 원칙적으로 폭력입니다. 사람을 해칠 만한 힘이었는지와 그런 의도를 가지고 했느냐에 따라 죄가 될지 판단하지요. 반갑다며 하이파이브를 하는 정도까지 죄가 된다고 할 수는 없으니까요. 물론 가벼운 힘이라도 어른이 아이의 얼굴에 가한다면 폭력이 되고요. 절대적인 기준과 상대적인 기준을 모두 검토합니다. 그때그때 여러 가지 요소가 범죄냐 아니냐에 영향을 줍니다. 이런 판단은 일반인의 입장에서 내리면 됩니다.

대한이는 폭력이라고 부를 만한 행동을 했고 실수로 그런 것도 아니었습니다. 분명히 자기가 어떤 일을 하는지 알고 했습니다. 일단 나쁜 생각으로 행동을 해서 나쁜 결과를 낳았지요. 문제라면 원래 대한이의 목표였던 만세가 아니라 민국이를 민 것입니다. 엄격하게 따지면 민국이를 다치게 할 마음이 없었으니 민국이에 대해서 실수를 한 것이라고 할 수도 있을 겁니다.

하지만 그런 이유로 용서한다면 사람을 다치게 해 놓고 무조건 실수였다고 거짓말을 하며 빠져나갈 수도 있습니다. 사람의 몸에 힘을 주어 밀면 다칠 수도 있다는 것은 누구나 알 수 있는 일이잖아요. 만세로 생각했든 민국이로 생각했든 대한이가 사람을 민다고 생각한 것은 분명합니다. 그렇다면 대한이는 분명히 사람에 대한 범죄에 해당하는 행동을 했다고 봐야 합니다.

대한이가 생각한 것보다 민국이가 훨씬 많이 다친 것도 따져 봐야 할 필요는 있습니다. 어떤 행동과 결과 사이를 법적으로도 원인과 결과 관계로 연결 지을 수 있을지의 문제입니다. 대한이 때문에 민국이가 다친 것은 분명한데, 민국이가 다친 게 모두 대한이 잘못이냐는 거지요. 축구 경기에는 '할리우드 액션'이라는 것이 있잖아요. 마찬가지로 민국이가 다친 것도 그럴 수 있지 않느냐는 겁니다. 어디까지 책임을 져야 할지 그 범위에 관한 문제이기도 하고요.

대한이는 사람을 밀면 넘어질 수 있다는 정도는 짐작할 수 있다고 봐야 하지 않을까요? 정확히 예상은 못 했더라도 그렇게 될 수 있다는 정도는 말이에요. 만약에 그보다 더 큰일, 그러니까 민국이가 넘어지지 않으려고 옆에 신발장 같은 것에 기댔는데 그 신발장 위에 있던 화분이 떨어지면서 마침 그 아래에서 신발 끈을 묶고 있던 다른 친구의 머리를 크게 다치게 만들었다면 어떨까요? 그 정도까지 대한이가 저지른 일의 결과로 보기는 어렵겠지요. 여기까지 보면 일단 대한이는 폭행 치상, 다른 사람의 몸에 폭력을 가한 결과 그 사람을 다치게 만드는 행동을 한 것으로 봐야 할 겁니다. 당장 '죄'를 저지른 것이라고 하지 않은 이유가 있어요. 지금까지는 행동 그 자체, 그 순간만을 놓고 보았는데, 어떤 행동의 전후 사정에 따라서 불법이 아니라고 볼 수도 있거든요. 대한이의 행동을 혹시 정당화할 수 있는 사정은 없는지 살펴보는 것이 다음 순서입니다.

불법일까,
정당한 행동일까

언뜻 나쁜 일처럼 보일 수 있지만 상황에 따라 그렇지 않은 때가 있지요. 주먹질을 하고 발길질을 퍼부어 사람을 쓰러뜨렸습니다. 당장 경찰차가 출동해야 할 것 같지만 종합 격투기 시합이라면 그렇지 않잖아요. 칼로 사람 몸에 상처를 냈다면 어떨까요? 의사가 수술을 할 때 맨 먼저 하는 일이 그런 행동이잖아요.

나쁜 일처럼 보이지만 전후 사정이 연결되면 정당한 일로 바뀌는 경우가 있습니다. 정당방위라는 말을 많이 들어 봤을 거예요. 누군가 자기 자신 혹은 다른 사람을 해치려고 할 때 어쩔 수 없이 거기에 맞서 싸웠다면 죄가 된다고 해서는 안 된다는 겁니다. 주의할 것은 우리나라에서는 정당방위를 어지간한 정도로는 인정해 주지 않는다는 겁니다. 특히 싸움을 했다면 웬만해서는 정당방위로 보지 않습니다. 앞에서 시간을 잘게 쪼개 봐야 한다고 설명했지요?

싸움이란 누군가 먼저 공격을 하고, 그다음에 상대방이 공격을 하는 일이 반복해서 번갈아 이어지는 거지요. 누구는 공격이고 누구는 방어라고 할 수 없습니다. 그 한 번 한 번에 대해 법적으로 어떻게 볼지 평가하는 것이기 때문에 싸움을 정당방위로 보기 어려운 겁니다. 누가 이유 없이 공격을 하더라도 일단 도망가서 피할 수 있는 상황이라면 맞서 싸우지 말라는 겁니다. 외딴 골목에 갇혔을 때처럼 도저히 어쩔 수 없는 상황에서만 예외적으로 싸움도 정당방위가 될 수 있습니다.

그런데 미국 영화나 드라마에서 정당방위에 관한 일화를 봤다면 고개를 갸웃거릴 수도 있을 거예요. 거기서는 훨씬 쉽게 정당방위라고 하니까 말이에요. 여러 가지 문화적 차이가 있지만 가장 결정적인 이유는 총기를 가지고 다니는 것이 허용된 나라이기 때문이에요. 누군가 총으로 공격을 한다면 방어하는 쪽에서도 맞서 싸우는 것 이외에 딱히 다른 방법이 없으니까요. 뒤돌아 도망갈 수도 없는 상황이 대부분이겠지요.

대한이는 어떤 상황이었을까요? 만세는 다른 친구들에게 단체 대화방에서 대한이에 대한 좋지 않은 얘기를 했나 봐요. 무슨 얘기인지 모르지만 대한이가 화가 난 것으로 봐서는 말입니다. 만약 그 방에 있는 다른 친구들이 보기에도 대한이가 창피할 만한 일이라면 대한이의 인격이 침해를 받았다고 볼 수 있습니다. 꼭 주먹으로 때려야 사람이 다치는 것은 아니잖아요. 다른 사람이 감추고 싶어 할 만한 얘기를 공공연하게 퍼뜨리면 명예 훼손이 됩니다.

요즘은 SNS를 많이 사용하기 때문에 그런 일이 자주 발생하지요. 한번 뱉은 말이 다른 사람의 눈길을 끌면서 걷잡을 수 없이 퍼져 나가곤 합니다. 별일 아니라고 생각해 장난처럼 시작했는데 경찰에 불려 다니고 범죄자로 처벌받는 일이 벌어지는 겁니다. 형법이 표현의 자유, 그러니까 하고 싶은 얘기를 마음껏 하도록 보장해 주는 것은 어디까지나 남의 권리를 해치지 않는 범위일 때 이야기입니다. 그 한계를 넘는 순간 다른 사람은 거기 맞서 저항할 수 있는 권리가 생기는 거지요.

그렇다면 대한이는 자기 명예를 침해당하는 피해를 입었으니까 설령 혼동했을지언정 일단은 민국이를 밀 수 있다고 봐야 할까요? 아니에요. 다시 한 번 시간에 관한 걸 생각해 봐요. 만세가 단체방에 글을 올리는 행동은 이미 끝이 났잖아요. 더 이상 공격을 하지는 않았지요. 대한이 입장에서 여전히 화는 날지 모르지만 뒤늦게 어떤 행동을 하면 복수일 뿐이잖아요. 만약 글을 쓰고 있는 그 순간이었다면 어떨까요? 그렇더라도 휴대 전화로 글 쓰는 것을 가볍게 제지하는 정도라면 모를까 세게 민다면 옳은 행동으로 보기 어렵습니다. 정당방위의 범위를 넘어서는 것입니다. 자기가 당한 것보다 적게, 최소한 비슷한 정도는 돼야 정당방위로 인정할 수 있습니다. 참는 것이 여러모로 봐서 법을 어기지 않는 방법이지요. 무작정 참으라는 게 아닙니다. 자신의 행동이 잘못된 것이라는 사실을 알면 그만큼 무심결에 범죄자가 되는 일이 줄어들 것이라는 뜻입니다.

아 참, 대한이는 여학생을 보호한다는 생각도 했지요. 불법이 아닐 가능성이 한 가지 더 남아 있네요. 정의의 사도가 되려는 좋은 착각을 한 것인데 어떻게 봐야 할까요? 만약에 누가 보더라도 민국이를 밀어서 여학생을 보호해야 한다고 보일 만한 상황이었다면 괜찮은 겁니다. 예를 들어 민국이가 손을 높이 쳐들고 있어서 여학생을 때릴 것처럼 보였다면 말입니다. 그렇지 않았고 그저 울고 있는 것처럼만 보였다면 먼저 어떻게 된 일인지 상황 파악부터 해야겠지요.

미성년자의
형사 책임

그럼 이제 대한이는 꼼짝없이 범죄자여야 할까요? 마지막으로 하나를 더 살펴봐야 합니다. 대한이가 자기 스스로의 행동에 책임을 질 만한 상황이었는지를 말입니다. 만 14세가 되지 않은 사람은 형법으로 처벌하지 않습니다. 유치원생 혹은 그보다 더 어린 아이가 무슨 일을 하는지도 모르고 저지른 일에 대해 책임을 물을 수는 없잖아요. 자신의 행동이 죄가 된다고 알기 어려울 것이고 설령 알았다 하더라도 법적인 책임을 지도록 하기에는 너무 가혹하니까요. 책임의 의미는 여러 가지지만 만 14세가 되지 않았다면 그렇게 잘못된 일을 하도록 방치한 어른들이 더 잘못이라는 뜻도 있습니다. 물론 아무런 벌도 받지 않는다는 것은 아니고요. 소년법에 따라 일정한 보호 처분을 받게 됩니다. 그런데 최근 어린 친구들이 나쁜 행동을 하는 일이 늘어나면서 14세 미만이라고 할지라도 형법을 적용하자는 목소리도 있기는 합니다.

물론 나이 기준으로만 책임 여부를 묻는 것은 아니에요. 정신적으로 문제가 있어서 자기가 무슨 짓을 하는지 그 의미를 판단할 수 없었다면 책임을 묻기 어렵지요. 술에 너무 많이 취했다거나 이상한 약물 때문에 제정신이 아니었을 수도 있습니다. 벌이 아니라 약을 줘야 하는 경우도 있을 겁니다. 여기까지가 한 사람의 행동을 범죄로 볼 것인지에 대한 판단의 순서입니다. 어떤 행동이 법전에 쓰인 나쁜 행동에 해당하는지, 그렇더라도 정당하다고 봐 줄 만한 상황은 아니었는지, 마지막으로 잘못한 행동에 대해 국가와 사회가 책임을 질 수 있을지까지 보는 겁니다.

그럼 대한이는 어떨까요? 충분히 범죄로 볼 수도 있는 그런 상황이 된 겁니다. 물론 14세 이상이라고 하더라도 소년법을 우선 적용받겠지만 순간의 화를 참지 못해 힘든 시간을 가질 수 있게 된 거지요. 민국이가 아주 심하게 다치지 않았다면 학교에서 벌어진 일이고 착각을 한 부분도 있어서 실제 처벌로 이어질 가능성은 낮다고 보입니다. 하지만 순간의 실수로 범죄자가 될 수 있다는 사실은 기억해 두길 바랍니다.

죄와 벌의
의미

형법에서 책임을 진다는 것은 벌을 받는다는 것과 연결이 됩니다. 우리 형법은 벌금이나 징역 같은 것들을 정해 놓았습니다. 그런데 한 가지 의문이 들지 않으세요? 예나 지금이나 죄를 지으면 똑같이 감옥에 가는 거 말이에요. 옛날에는 죄를 짓는다는 것이 왕이나 신의 뜻을 거슬렀다는 의미였어요. 벌은 거기에 대해 처벌을 받는다

는 의미였지요.

그런데 모든 국민이 평등하다고 여기게 된 시대에도 잘못했을 때 받는 벌이 예전과 마찬가지입니다. 그렇게 한다고 해서 피해자나 사회, 국가에 어떤 도움이 될까 하는 생각도 해 볼 수 있지요. 물론 나쁜 일을 당한 피해자 입장에서는 그렇게 해서라도 복수를 하고 싶겠지만 법이 복수를 대신 해 주는 존재여야 할까요? 무엇보다 벌을 받는 사람이 다시 사회에 돌아오는 데 어떤 도움이 될지도 잘 모르겠습니다. 그래서 '감옥'이라는 변함없는 벌이 타당한 것인지 의문을 제기하는 학자들도 있답니다. 죄에 대한 연구가 많은 것에 비해서 이처럼 벌을 어떻게 줄 것인지는 아직 생각해 볼 것이 많지요.

단 한 사람도
억울하지 않도록,
형사 재판

10

무죄 추정의 원칙

진술 거부권

자백 배제의 법칙

위법한 증거는 형사재판에서 쓸 수 없다는 원칙 등은

시연이와 친구들은 이번엔 형사 재판이 열리는 법정으로 갔습니다. 범죄자에 대한 처벌을 하는 곳이니까 아무래도 저절로 긴장감이 들었지요. 문을 열고 들어가면 높은 법대에 앉은 판사부터 보이는 것은 똑같았습니다. 법대 아래 속기사 등 법원 직원들이 앉아 일하는 구조도 비슷했지요.

그런데 원고와 피고가 판사를 마주 보고 나란히 앉아 있는 민사 재판 법정과 달리 검사와 피고인이 직원들을 가운데 두고 양쪽으로 갈라져서 서로 마주 보았습니다. 양쪽이 맞서 대결을 펼치고 판사는 가운데서 내려다보며 심판을 하는 구도였지요. 검사가 피고인에 대하여 이러저러한 죄를 지었으니 처벌해 달라고 요청하면 피고인은 검사의 주장에 맞서거나 죄를 인정하며 용서해 달라는 식이었습니다.

방청석에서 보면 왼쪽이 검사, 오른쪽이 피고인이지요. 시연이 아버지가 형사 재판에서는 피고가 아니라 피고인으로 부른다고 미리 가르쳐 주었습니다. 재판의 대상이 '사람'이라는 것을 강조했습니다.

민사 재판 법정과 다른 점이 또 하나 눈에 들어왔습니다. 방청석과 재판이 열리는 곳이 허리 정도 오는 낮은 울타리로 나뉘어 있었습니다. 구속된 상태로 재판을 받는 피고인들은 수의를 입고 울타리 안쪽 자그만 문으로 이어진 별도의 대기실에서 기다렸습니다. 재판을 받는 모든 사람이 거기 있는 것은 아니었고, 방청석에 평상복 차림으로 앉아 있다가 자기 이름을 부르면 안쪽으로 들어가 재판을 받기도 했습니다. 어떤 사람은 그렇게 들어갔다 판사가 징역형을 선고하고 법정 구속을 명령하자 방청석으로 돌아오지 못한 채 구속된 사람들이 있는 방으로 끌려가기도 했습니다. 시연이와 친구들은 물론 법정 안의 다른 사람들도 일순 숨소리를 낮춘 채 그 모습을 바라보았지요.

검사, 변호사, 피고인

❓ 검사가 범죄자를 잡으면 판사가 어느 정도로 처벌할지 정하는 거잖아요. 검사와 판사가 함께 법대에 있는 게 아니라 검사는 피고인과 마주 보고 앉아 있네요.

검사라는 역할을 만들게 된 이유를 알아야 해요. 범죄자를 처벌

하는데 군이 검찰과 법원을 나누어 놓은 까닭이 무엇일까요? 범죄를 저지른 것으로 보이는 사람을 붙잡으면 먼저 검찰이 그 사람의 행동이 법적으로 어떤 죄에 해당하는지를 판단합니다.

그런데 바로 처벌하는 것이 아니라 그 사람의 행동이 형법상 무슨 죄이니 얼마만큼 벌로 처벌해 달라고 서류를 꾸며 법원으로 가지고 갑니다. 검사도 법률 전문가인데 판사의 판단을 따로 받는 겁니다. 검사보다 판사가 더 똑똑해서 이렇게 만든 게 아닙니다. 인권 보호를 위해 한 번 더 확실하게 하기 위해서입니다. 예전엔 범죄자를 검거하는 일과 심판하는 일을 한 기관에서 했지요. 그러다 보니 억울하게 처벌을 받는 사람이 종종 생겼습니다.

사람은 자기가 한 일이 잘못인지 스스로 알아차리기 어렵습니다. 한번 죄를 지은 사람이라고 믿으면 그걸 돌이키기가 쉽지 않지요. 그래서 왜 어떤 사람을 범죄자라고 생각하는지, 그 과정을 한번 돌이켜 보기 위해서 검사와 판사로 나누어 놓은 것입니다. 그러니까 검사는 인권 보호를 위해 만든 사법 기관입니다. 우리나라는 검사만 누군가를 처벌해 달라고 법원에 재판을 요청할 수 있습니다. 이걸 기소 독점주의라고 하지요. 이걸 뒤집어 보면 검사가 일차적으로 판단해 누군가의 행동이 죄가 되지 않는다고 보면 재판을 받지 않고 그냥 돌아갈 수 있도록 해 줄 수 있습니다. 검사는 무조건 범죄자를 처벌하기 위해 만들어진 것이 아니라 그 반대인 셈이지요.

범죄를 저질렀다고 의심받는 사람을 피의자라 하고, 재판에 넘겨지면 피고인이라고 합니다. 검사는 피의자를 검거하고 그 사람이 구체적으로 어떤 범죄를 저지른 것인지 수사해 얼마나 처벌받았으면 좋을지 일차적으로 정한 다음 법원으로 갑니다. 그러면 법원은 검사의 판단이 옳은지 그른지를 심사합니다. 검사, 판사는 법률 전문가입니다. 아무래도 서로 쉽게 소통이 되겠지요.

반면 피고인은 잘못을 했더라도 구체적으로 어떤 법을 어긴 것인지, 얼마나 벌을 받아야 하는지 잘 모를 수 있고요. 혹시 억울한 경우라고 하더라도 어떻게 다퉈야 할지 모르기도 하고요. 그래서 역시 법률 전문가인 변호인의 도움을 반드시 받을 수 있도록 정해 놓은 겁니다. 재판이 끝날 때까지 검사, 피고인, 변호인은 서로 대등한 위치에 있다는 것을 명확하게 보여 주기 위해 자리도 마주 보게 앉히는 겁니다.

무죄 추정의
원칙

❓ 재판에서 유죄로 판결하기 전까지는 피고인을 무죄로 본다는
거지요. 무죄 추정의 원칙이라고 하는 걸 신문, 방송에서 봤어요.

형사 재판은 재판을 하기 전부터 기본권에 대한 심각한 제한을
가져올 수 있지요. 자유롭게 행동할 수 있는 권리는 가장 기본적이
면서도 중요한 권리입니다. 그런데 피의자는 수사를 하는 과정에서
부터 그런 신체의 자유를 제한받을 수 있기 때문에 아주 엄격한 절
차를 거쳐야 합니다. 그래서 형사 소송의 기본 원칙에 대해 아예 국
가의 최고법인 헌법에 명시했습니다.

누구든지 법률에 정한 방법이 아니고는 체포, 구속이나 압수, 수
색을 당하지 않습니다. 반드시 검사의 청구에 따라 판사가 발부해
준 영장이 있어야 합니다. 법률의 내용뿐만 아니라 수사를 진행하는
과정도 정당하다고 볼 수 있어야 하지요. 그걸 보장하기 위해 수사
를 받게 된 사람은 즉시 변호인의 도움을 받을 수 있도록 했습니다.

고문이라는 야만적인 일이 벌어져서는 안 된다고 헌법에 명시되
어 있습니다. 범죄자라는 사실이 확실하지도 않은데 함부로 국민
의 권리를 제한했다가 나중에 억울한 사람이라고 밝혀지면 국가가

큰 잘못을 저지른 게 됩니다. 그래서 수사를 하거나 재판을 하는 과정에서 필요 이상으로 권리를 제한하지 않도록 무죄 추정의 원칙을 두었지요.

헌법은 법률이 정한 법관에 의한, 법률에 정한 재판이 아니고는 함부로 국민을 처벌할 수 없다고 못 박고 있습니다. 수사를 한다는 구실로 오래 가둬 두지 못하도록 신속하게, 과정이 투명하도록 공개적으로 재판을 받게 하지요. 억울하게 피의자로, 피고인으로 취급받은 국민에 대해서는 국가가 정당한 보상도 해 주도록 하고요.

❓ 어쩌다 억울한 사람이 있을 수는 있겠지만 모든 범죄자에 대해서 그렇게까지 까다로운 과정을 거쳐야 할까요? 누가 봐도 죄를 지은 게 뻔할 때도요.

혹시 모두 나보고 잘못했다고 하는데 나는 정말 억울했던 그런 일을 겪은 적 없어요? 어떤 인간도 신이 될 수는 없습니다. 과거에 벌어졌던 사건을 완벽하게 알아내기란 불가능하지요.

DNA 검사를 처음 도입하고 보니 수많은 억울한 사람이 감옥에 갇혀 있었습니다. 나름대로 철저하게 수사하고 재판을 거쳤는데도 진실을 밝히지 못했던 것이지요. 앞으로도 마찬가지일 겁니다. 아무리 과학 기술이 발전한다고 해도 한계는 있기 마련이지요. 그래서 실제로 어떤 일이 있었는지 밝히는 것도 중요하지만 그 과정이 정의롭고 법에 맞아야 합니다.

또한 범죄자들이 사회에 해악을 끼쳤다 하더라도 그들을 아무렇게나 다룬다면 우리 사회 역시 그들과 똑같은 수준이라고 볼 수 있지 않을까요? 만일 그렇다면 폭력 대신 법과 제도를 갖추고 사회와 국가를 만들어 가는 의미가 없어지겠지요. 형법의 목적은 죄에 상응하는 벌을 주는 것인 동시에 사회로 돌아올 수 있도록 반성할 수 있는 기회를 주는 것입니다. 돌아올 만한 사회라는 것부터 깨닫게 해 줘야겠지요.

수의와 평상복
사이

❓ 어떤 사람은 수의를 입고, 어떤 사람은 평상복을 입나요?

범죄를 저질렀다고 의심할 만한 사정이 있을 때 수사 기관이 수사에 나섭니다. 모든 국민은 신체의 자유, 거주 이전의 자유, 양심의 자유 등을 가지고 있습니다. 자기 소유 물건에 대해서는 절대적으로 보장을 받지요. 그래서 원칙적으로 수사는 의심받을 만한 사정이 있는 피의자이거나 주변 참고인들의 동의를 얻어서 합니다.

이런저런 질문을 하고 가지고 있는 물건들 중 수상한 것이 있으면 제출해 달라고 요구하는 것이 먼저이지요. 다짜고짜 끌고 가거나 남의 집을 함부로 뒤질 수는 없습니다.

예외는 있습니다. 그렇게 했다가 가지고 있는 범죄의 증거들을 모두 없애 버릴 염려가 있거나 수사를 받는 사실을 알면 도망갈 가능성이 있을 때이지요. 그렇다 하더라도 단독으로 결정하는 것이 아니라, 법원의 허가를 받아 강제로 체포, 구속을 하거나 압수, 수색을 합니다.

아까 형사 재판에서 수의를 입은 사람들은 구속된 상태로 재판을 받는 것입니다. 무죄로 추정을 받지만 재판이 끝날 때까지는 구치소에 감금된 상태로 지내야 합니다. 물론 그 자체가 처벌은 아니기 때문에 유죄로 징역형을 선고받으면 구속돼 있던 기간만큼 빼 줍니다.

뉴스를 보면 체포, 구속이라는 용어가 많이 등장하지요. 비슷한 듯하지만 조금 다릅니다. 체포는 죄를 지었다고 의심할 만한 사람을 짧은 시간 붙잡아 두는 것입니다. 경찰이나 검찰에서 막 범인을 붙잡았을 때, 도망가지 못하도록 수갑을 채우면서 체포한다고 하지요. 구속은 그렇게 붙잡은 범인을 대상으로 수사하는 기간 동안 혹은 법원에서 재판을 받는 내내 구치소에서 지내도록 하는 것입니다. 구속하지 않는 것이 원칙이고, 수감 상태로 재판을 받는 것이 예외입니다.

답변을 거부할 수 있는 권리, 진술 거부권

❓ 판사가 재판을 시작하면서 피고인에게 하기 싫으면 진술을 거부해도 된다고 얘기하더라고요. 피고인에게 하고 싶은 말을 마음껏 할 수 있도록 해 줘야 하는 것 아닌가요?

하고 싶은 말을 할 수 있는 기회는 재판이 끝날 즈음 충분히 줍니다. 판사가 밝힌 것은 재판을 하는 동안 판사나 검사가 어떤 사실에 대해 물어볼 때 이익, 불이익을 따지지 않고 피고인은 그에 대한 답변을 거부할 수 있다는 겁니다. 진술 거부권이라고 하지요. 헌법이 보장하는 국민의 기본권 중에 하나입니다.

재판을 받을 때뿐만 아니라 경찰, 검찰로부터 신문을 당할 때도 똑같은 권리를 가집니다. 미란다 원칙이라는 걸 들어 본 적이 있지요? 미국에 '미란다'라는 이름을 가진 범죄자가 있었습니다. 경찰에 체포돼 수사를 받으면서 자기가 저지른 죄를 모두 털어놓았지요. 그런데 나중에 알고 보니 경찰이 이 사람을 체포할 때 진술거부권, 변호사를 선임할 수 있는 권리가 있다는 것을 알려 주지 않았던 겁니다. 미국 법원은 그렇다면 미란다가 경찰에서 한 진술을 증거로 쓸 수 없다고 했습니다. 법적으로는 미란다가 범죄에 대해 얘기한 사실이 없는 것처럼 된 것입니다.

아무런 증거가 없는 상태가 됐으니 무죄로 풀려 났고요. 고개를 갸웃거리는 친구들이 보이네요. 이렇게 생각해 보면 어떨까요? 누군가 범죄를 저질렀다고 의심을 받게 됐어요. 하지만 정말로 그 사람은 아무런 짓도 하지 않았어요. 경찰에게 모르는 일이라고 했지요. 경찰은 믿어 주지 않은 채 모른 척 잡아뗀다고 생각해서 집요하게 말꼬리를 붙들고 늘어집니다.

자꾸 반복해서 여러 가지 상황을 캐묻고 거기에 답을 하다 보니 앞뒤가 안 맞는 일이 생깁니다. 기억이라는 게 언제나 정확한 것은 아니잖아요. 앞뒤가 안 맞는 얘기를 했으니 더욱 추궁을 당하게 되지요. 도저히 안 되겠다 싶어 입을 닫았는데, 이번엔 뭔가 숨기는 게 있으니 대답을 못 하는 거 아니냐는 의심을 받게 됩니다. 대답을 하지 못하면 유죄를 인정하는 것이라고 몰아세웁니다. 이런 상황에 놓이지 말라는 법이 없잖아요. 그래서 자신에게 불리한 얘기라고 생각하면 답을 하지 않아도 된다고 헌법으로 보장해 준 겁니다.

백 명의 범죄자,
한 명의 억울한 이

❓ 그런 걸 보장해 주면 범죄자가 거짓말을 해도 방법이 없다는 거 잖아요. 경찰, 검찰은 어떻게 수사를 해야 한다는 겁니까?

경찰이나 검찰은 국가 기관입니다. 많은 인력과 기술을 가지고 있으면서 범죄를 수사하고 범인을 검거하는 일을 하지요.

아무리 악랄한 범죄자라고 할지라도 능력의 차이는 엄청나게 큽니다. 반대로 생각해 보세요. 그렇게 힘의 차이가 큰데 범죄자의 말만으로 죄를 밝힐 수 있게 해 준다고 말이에요. 뚜렷한 증거도 없이 무리해 범죄를 인정하도록 하는 일이 벌어질 겁니다.

그런 이유 때문에 옛날에는 형사 재판이라고 하면 으레 고문을 떠올렸고요. 검사와 판사가 나눠져 있지도 않았지요. 변호사는 당연히 없었고요. 범인을 붙잡아 오면 법정에 꿇어 앉혀 놓고 자기 죄를 인정할 때까지 때리거나 여러 가지 잔인한 방법으로 괴롭혔습니다. 그러다 보면 못 견디고 당장 그 자리를 모면하기 위해 거짓으로 자기 죄를 인정하는 일이 벌어졌지요. 사극을 보면 "바른 대로 말할 때까지 매우 쳐라."라는 말이 자주 등장하잖아요. 아무 죄도 없는 사람이 그런 일을 겪으면 얼마나 억울하겠어요. 그런 일이 생기지 않도록 현대의 형사 재판 과정에서는 진술 거부권을 주는 겁니다.

그뿐만이 아닙니다. 자백 배제도 있습니다. 범죄를 저지르면 물질적인 증거, 그러니까 절도라면 훔친 물건 같은 것이 있기 마련이잖아요. 아무리 범인이 스스로 잘못했다고 하더라도 그런 물적 증거가 따로 없는 한 절대로 처벌할 수 없다는 원칙입니다. 고문 때문에 한 말이 아니고 자발적으로 한 얘기라고 할지라도 말입니다. 잘못된 수사를 할 여지가 없도록 원천 봉쇄를 하는 것이지요.

법을 어기고 수집한 증거는 형사 재판에서 쓸 수 없다는 원칙과 연결되는 것인데요, 범죄를 밝혀내기 위해 또 다른 범죄를 저지르도록 허용할 수 없다는 뜻이지요. 예를 들어 남의 집에 함부로 들어가는 것은 주거 침입이라는 죄에 해당합니다. 수사 기관이라 하더라도 남의 집에 들어가려면 반드시 법원으로부터 영장을 받아야 합니다. 설령 어떤 증거를 찾았다고 할지라도 그렇게 영장 없이 찾은 증거는 없는 것이나 마찬가지라는 것입니다.

이런 것들만 나열하고 보니 꼭 범죄자들만 보호해 주는 것 같지요? 절대로 그렇지 않습니다. 그런 원칙들이 생긴 이유는 역사적으로 먼저 국가 기관이 함부로 공권력을 남용했기 때문입니다. 앞서 말한 것처럼 개인과 국가 기관의 힘은 도저히 비교할 수 없기 때문에 제도적으로 그런 안전장치를 둔 것입니다. 당장 우리 사회를 생각해 보세요. 그런 원칙들이 있어도 범죄자들을 잡고 처벌하고 있잖아요. 남 눈의 티끌은 봐도 제 눈의 들보는 못 본다는 속담이 있지요. 국가 기관이 먼저 합법적인 틀 안에서 움직여야 국민이 권위를 인정하고 따르겠지요.

❓ 말만으로 안 된다는 것은 알겠지만 어떤 증거로 어느 만큼이나 입증을 해야 한다는 것인지 모르겠네요.

어떤 사람에게 형벌을 준다는 것은 그 사람의 기본권을 크게 제한하는 일이잖아요. 그 점에서 증거에 대하여 민사 재판보다 훨씬 엄격하게 정해 둡니다.

절도라면 훔친 물건, 범행 장소의 발자국, 지문, 목격자의 증언 같은 것들이 있겠지요. 이런 것들을 가지고 재판을 할 때 크게 두 가지로 나눠서 봅니다. 우선 법정에서 증거로 쓸 수 있는 것인지부터 가립니다. 법을 지켜 가면서 얻은 증거인지 말이에요. 그다음에 그런 증거들이 모여서 얼마나 범죄 사실을 입증하는지를 따집니다. 마치 퍼즐을 맞추는 것처럼 말이에요. 사람 모양의 퍼즐이라고 생각해 봐요. 모든 조각을 다 맞추지 못했다고 할지라도 어느 정도 모으면 누가 봐도 사람 모양이구나 하고 수긍할 만한 정도에 이르잖아요. 법원은 그 정도에 이르면 유죄라고 판단합니다. 합리적 의심의 여지가 없을 정도로 입증이 돼야 한다는 뜻입니다.

만약 그 정도가 아니라면 피고인의 이익으로 봐서 무죄로 해야 하고요. 이렇게 엄격하게 해야 억울한 일을 겪을 가능성이 줄어들지요. 백 명의 범죄자를 놓치는 일이 있더라도 한 사람의 억울한 희생자를 만들면 안 된다는 것. 이것이 법의 정신이랍니다. 처벌이 중요한 게 아니라 공정한 법 집행을 보여 주는 것이 더욱 중요하다는 뜻이지요. 그렇게 법이 올바르게 서야 사회가 건강해지고 그러면 저절로 범죄가 줄어들 테니까요.

공정한 재판, 국민 참여 재판

❓ 하지만 아까 법정에서는 아무리 찾아봐도 종이 서류들뿐이고 범죄 증거 같은 것은 안 보이던데요? 게다가 변호사들이 나와서 서류만 주고받는 것도 민사 재판과 비슷해 보이고요.

그건 증거물들을 사진으로 찍어 제출하기 때문이지요. 자동차 사고 재판을 하는데 법정에 자동차를 가지고 올 수는 없잖아요. 피고인이나 증인들의 이야기도 실제로는 서류로 정리돼 있는 걸 보고 재판하는 경우가 더 많기는 해요. 다만 그런 것들은 어디까지나 그렇게 하기로 검사와 피고인이 서로 동의를 했기 때문이랍니다. 판사가 직접 증거들을 보고, 일반 국민들에게 공개하면서 재판을 해야 한다는 원칙은 지키고 있는 거지요.

특히 형사 재판에는 국민 참여 재판 제도가 도입돼 있어요. 배심원들이 사건을 보고 유죄인지 무죄인지를 판단하는 제도지요. 판사는 공정한 재판이 되도록 진행을 맡습니다. 사법권 역시 국민으로부터 나온 것이니 국민이 직접 행사하도록 하자는 제도입니다. 투표가 민주주의 사회에서 시민의 권리이자 의무인 것처럼 배심원으로 재판에 참여하는 것은 국민의 뜻을 밝히는 것이 곧 법이라는 사실을 확인하는 과정이랍니다. 법은 법조인들만의 것이 아니라 국민 모두의 것이니까요.

청소년의 일상에서
다시 법을 보다

지금까지 헌법, 민법, 형법에 대해 알아보았습니다. 이제 마지막으로 여러분과 관련이 있는 몇 가지 주제를 다루면서 제 얘기를 마무리할까 합니다.

죄를 물어 처벌하는 형법은 최후의 수단이어야 합니다. 법은 대등한 위치에 있는 국민과 국민이 모여 만든 약속이잖아요. 사회 전체를 지키기 위해서 어쩔 수 없는 경우가 아니라면 함부로 권력이 끼어들지 않도록 해야 합니다. 그렇지 않으면 권력을 장악한 몇몇 사람이 국가를 좌우하는 일이 생길 수 있으니까요. 그건 현대의 민주주의가 아니라 과거의 왕정, 독재로 돌아가는 길이지요. 그런 의미에서 특히 학교는 원칙적으로 법이 직접 끼어들기보다는 학교 내부의 일은 학교에서 해결하도록 법으로 보호해 주는 것이 어울릴 수 있습니다.

학교의 구성원들은 사회에 들어가기 위해 사회를 예습하는 중이지요. 학생의 행동에 대해 법적으로 책임을 묻기에는 너무 이르기도 합니다. 법을 있는 그대로 적용하는 것은 민법이든 형법이든 가능한 한 어린 학생들을 보호해 주려는 일반적인 원칙에도 맞지 않습니다. 민법은 미성년자의 거래를 언제든지 취소할 수 있도록 해서 책임으로부터 자유롭게 보호해 주지요. 형법은 형사 미성년자에 대해 가능하면 소년법을 적용하는 것처럼 덜 가혹한 방법을 택하고요. 사실 친구끼리 벌이는 갈등, 다툼 같은 것들은 본격적인 사회생활에 앞선 경험입니다. 그걸 겪고 이겨 나가는 과정에서 자기를 통제하는 방법도 깨쳐 나갈 수 있고요.

학교폭력과
왕따

그런데 그런 자율을 보장하기에는 상황이 녹록지 않게 변하고 있습니다. 맨 먼저 떠올릴 수 있는 것이 학교 폭력과 왕따 문제입니다. 학생들끼리 혹은 학교에 자율적인 해결을 기대하기 힘들 만큼 사회적으로 너무 심각한 문제가 됐지요. 결국 학교 폭력을 다루는 특별법까지 만들게 됐습니다. 학교의 자율성과 학생이라는 특수성을 보장하면서 학교 폭력에 어떻게 대처할 것인지에 대해 고민한 결과물이지요.

일단 형법에서 정한 형사 처벌을 그대로 적용하지 않습니다. 사실 법을 글자 그대로 적용하기 시작하면 정말 많은 행동이 범죄에 해당할 수 있습니다. 폭행에 대해 법원은 사람의 몸에 가해지는 모든 종류의 힘을 가리킨다고 합니다. 모욕이란 남들이 듣기에 어떤 사람에 대한 외부적인 평판을 떨어뜨릴 만한 말을 하는 것입니다. 명예 훼손은 어떤 사람에 대하여 없었던 일 혹은 있었더라도 사회적 평가를 해칠 만한 사실을 퍼뜨리는 것이지요. 협박은 듣는 상대방이 겁을 먹을 만한 해코지를 얘기하는 것이지요. 시험을 치면서 미리 준비한 쪽지로 커닝을 하는 것은 성적 평가라는 학교의 일을 방해하는 업무 방해입니다.

친구와 사소한 다툼을 하면서 밀고 당기고, 감정 섞인 말을 주고받으며, 가만히 놔두지 않겠다고 으름장을 놓았다고 칩시다. 앞의 삼단 논법에 따라 법률에 있는 사실을 적용하면 폭행죄, 모욕죄, 협박죄 같은 것에 해당합니다. 학교 폭력은 그 모든 것들을 포함하는 넓은 개념입니다. 그렇게 하는 것은 가능한 한 형법을 직접 적용하지 않고 우선 학교에서 해결해 보려는 시도입니다. 수사 기관이 아니라 선생님들과 학부모, 전문가로 이뤄진 자치위원회에서 문제를 조사하고, 그 결과에 맞는 해결 방법을 제시하는 것이지요. 개인적인 차원을 넘은 공식적인 반성을 요구하기도 하고, 심리 치료를 받도록 하기도 합니다. 불가피하다 싶을 때는 서로 떼어 놓는 조치를 취하기도 하지요. 정도의 차이는 있지만 처벌보다는 개선과 예방을 중심에 둡니다. 물론 어느 정도를 넘어서면 어쩔 수 없이 직접 법에 의존할 수밖에 없겠지만 말입니다.

학교 폭력과 관련해서 특히 문제가 되는 것은 이른바 왕따라고 하는 집단 따돌림입니다. 법원은 이에 대해 학교 또는 학급 등 집단에서 복수의 학생들이 한 명 또는 소수의 학생들을 대상으로 의도와 적극성을 가지고, 지속적이면서도 반복적으로 관계에서 소외시키고 괴롭히는 현상을 의미한다고 정의합니다. 그 현상 안에는 폭행, 협박, 모욕, 강요 같은 온갖 종류의 학교 폭력이 들어 있지요. 인간이 동물을 넘어설 수 있었던 이유를 협동을 들어 설명했지요? 그렇게 협동을 이끌어 내는 과정에서 법률이 만들어졌고, 인류의 의식이 발전하면서 모든 사람이 법률 앞에 평등하다는 생각도 하게 됐다고 말입니다.

그런 면에서 왕따는 인류 공동체가 쌓아 온 문명 자체를 부정하는 현상입니다. 왜 그런 일이 벌어지는지 구구절절 따지기 전에 그런 현상의 결과는 공동체, 그 안에 있는 나를 파괴하는 일이라는 것을 알았으면 좋겠습니다. 만인 대 만인의 투쟁 과정에서 약자를 희생시켰던 법 이전의 원시 시대로 돌아가는 일이라는 것을 말입니다.

스마트한
스마트폰 사용

기성 세대와 여러분이 가장 많은 갈등을 일으키는 영역이 어쩌면 인터넷, 특히 스마트폰과 관련된 부분이 아닐까 싶어요. 잠깐 뒤돌아 봅시다. 민법은 미성년자 단독으로는 법적으로 효력 있는 거래 행위를 할 수 없도록 정해 놓았다고 했지요? 설령 경제 활동을 했더라도 원칙적으로 취소할 수 있도록 해서 미성년자를 무거운 책임으로부터 보호할 수 있도록 말입니다.

앞서 살펴본 것처럼 형법도 미성년자를 보호하려는 태도는 마찬가지입니다. 그런 제도적 장치들이 인터넷이 상용화된 이후 쉽게 무너져 내리고 있습니다. 가상 공간이 만들어지면서 성인인지 미성년자인지 구별하기 어려운 상황이 됐지요. 성년자만이 이용할 수 있는 인터넷 사이트라고 해도 드나들기가 그리 어렵지 않지요. 그런 과정에서 부모님이나 가까운 어른들의 주민 등록 번호를 무단으로 사용하는 일이 벌어지기도 합니다. 그 자체로 불법일뿐더러 여러 가지 위험을 불러올 수도 있습니다.

전 세계에서 주민 등록이라는 제도를 가진 나라는 우리나라가 거의 유일합니다. 온 국민이 일련번호를 가지고 있다는 건 국가 입장에서 관리하기는 편할지 몰라도 비인도적인 측면이 있거든요. 그래서 제도 자체에 대해 찬반 양론이 갈립니다. 게다가 마치 만능열쇠처럼 주민 등록 번호 하나로 여러 가지 경제, 사회 활동을 할 수 있다 보니 그 열쇠만 손에 넣으면 다른 사람도 원래 주민 등록 번호 주인의 이름으로 많은 일을 할 수 있습니다. 범죄에 이용당하는 경우가 생기고 부모님이 그 일에 대해 일정 부분 책임을 져야 하는 상황이 올 수도 있습니다.

가상 공간에서 끝나는 것이 아니라 현실에서 학생들끼리의 문제로 이어지는 경우도 많이 발생합니다. 학교 폭력의 하나로 분류되는 집단 따돌림이 SNS에서 자주 벌어집니다. 모욕이나 명예 훼손 같은 불법을 별 생각 없이 저지르는 경우도 있지요. 미성년자를 보호하기 위해 미성년자에 대한 성범죄를 아주 강하게 처벌하도록 특별법을 만들었습니다. 그런데 간혹 미성년자들끼리 성적 호기심이 지나친 나머지 사진, 동영상 같은 걸 주고받다 범죄자가 될 수도 있지요.

학습 능력을 저해하는 유혹에 쉽게 빠질 수도 있습니다. 클릭 몇 번으로 검색해 과제물을 해결할 수 있다 보니 기억하거나 사고하는 일을 게을리하게도 됩니다. 과제물은 그 자체가 목적이 아니라 그걸 해결하는 과정에서 여러분이 익히는 것들이 목적이거든요. 게다가 그런 식으로 과제를 제출하면 엄격하게 따져서 학교의 성적 평가라는 업무를 방해하는 것이므로 불법입니다. 그 과정에서 원래 만들었던 사람의 저작권을 침해하는 경우도 왕왕 일어나지요. 여러분 중에는 영화, 애니메이션 같은 창작 활동을 꿈꾸는 사람도 있을 겁니다. 저작권 침해는 그런 창작 활동이 활발히 이뤄질 수 있는 시장을 파괴하는 일입니다.

게임 같은 것들에 대한 중독 문제도 빼놓을 수 없겠지요. 그런데 사실 가장 큰 문제는 따로 있습니다. 이런 여러 가지 문제들에 대해 어른들은 어른들의 시각으로 접근하고 해결하려 할 수밖에 없다는 것입니다. 기성 세대는 여러분과 같은 환경에서 학생 시절을 보내지 않았습니다. 컴퓨터 정도라면 모를까 저마다 손에 스마트폰을 들고 다니는 상황은 상상하기 어려웠지요. 그러니 지금의 학생들을 이해하기 어려울 때가 많을 수밖에요. 뭔가 좋지 않은 사건이라도 벌어지면 꼭 스마트폰 중독이나 게임의 폭력성을 지적하는 의견이 나오는 것도 그런 배경 때문일 겁니다.

해결하려는 방법도 그렇습니다. 게임을 할 수 있는 시간을 제한한다든가 하는 식으로 원천적인 해결책이 아닌 것들을 들고 나오기 십상이지요. 마냥 손 놓고 바라볼 수 없는 어른들의 입장도 이해해 줘야 합니다. 어떻게 하면 좋을지 법도 고민할 수밖에 없습니다.

세상은 LTE 속도로 바뀌는데 법은 그 속도를 따라가기가 너무 힘이 듭니다. 스마트폰은 1년에도 몇 차례 신형이 나오는데 법 하나를 만들거나 고치는 일은 그보다 시간이 훨씬 오래 걸리니까요. 어쩌면 새로운 세대, 여러분들이 기성 세대가 됐을 때에야 현재의 상황을 제대로 이해해서 법과 제도를 만들 수 있을지도 모릅니다. 그때까지는 세대 간에 서로를 이해하기 위해 노력해야 할 겁니다. 어른들 못지않게 여러분들의 적극적인 자세도 필요하지요. 오히려 여러분은 마음만 열면 어른들이 지금까지 만들어 놓은 것들을 얼마든지 알 수 있으니까요. 법과 제도를 아는 것이 가장 쉬운 지름길 중 하나입니다. 그렇게 어른들의 세상을 이해하면, 그 바탕 위에 여러분의 세상을 그려 나갈 수 있을 겁니다.

법은 만인에게 평등할까?

ⓒ 양지열, 소복이 2016

2016년 11월 28일 초판 1쇄 발행
2022년 3월 14일 초판 3쇄 발행

지은이 | 양지열
그린이 | 소복이
펴낸이 | 이상규
편집인 | 김훈태
마케터 | 김선곤
디자인 | 민혜원

펴낸곳 | 이상미디어
등록번호 | 209-06-98501
등록일자 | 2008.09.30
주소 | 서울시 성북구 정릉동 667-1 4층
대표전화 | 02-913-8888
팩스 | 02-913-7711
e-mail | leesangbooks@gmail.com

ISBN 979-11-5893-028-8 04300
ISBN 978-89-94478-46-3 (세트)

- 이 책의 저작권은 저자에게 있으며, 무단 전재나 복제는
  법으로 금지되어 있습니다.
- 이상한도서관은 이상미디어의 청소년 교양 브랜드입니다.